국어 시험에
바로 써먹는 가장 쉬운
문해력 훈련

3개월 만에 문해력 싹 끌어올리는 최신 훈련법

국어 시험에 바로 써먹는 가장 쉬운 문해력 훈련

남성진 지음

츠승

차 례

서문　　　　　　　　　　　　　　　　　　　　　　　　008

1장　왜 문해력인가

글이 안 읽힌다, 울고 싶다　　　　　　　　　　　　　015
다섯 살 아이는 글을 어떻게 읽을까?　　　　　　　　016
후천적 문해인　　　　　　　　　　　　　　　　　　020
서당 개 삼 년이면 글도 읽을까?　　　　　　　　　　023
웹툰보다 웹소설이 재밌는 이유　　　　　　　　　　025
글을 잘 읽는 법이 존재할까? 단언컨대 존재한다　　028

2장 시험을 위한 문해력

9급 공무원 시험은 왜 독해력을 보는가? 035

학교에서 국어는 물론 영어, 수학도 문해력이 필요하다 039

수능에서 논술과 면접도 읽기 능력이 당락을 결정짓는다 043

회사에서 잘 읽는 사람이 일도 잘한다 046

제대로 읽어야 글도 정확히 쓴다 051

글을 제대로 읽는지 점검하는 법 054

문해력의 핵심은 어휘력이 아니다 062

국어 학원을 다녀도 점수가 오르지 않는 이유 066

3장 문해법 1단계: 독讀의 문해법 _ 의미화

글을 잘 읽는다는 것은?   071

지금껏 나는 어떻게 읽어왔는가?   073

'독'의 문해법   085

  1 의미화 _ 글자 읽기 vs 글자 속 의미 읽기   085

  2 단어 읽기 _ 문해는 단어의 형상화에서 시작된다   087

  3 추상어 _ 눈에 보이지 않는 단어는 어떻게 의미화하는가   100

  4 문장 읽기 _ 문장은 단어들이 모인 하나의 '짤'이다   104

  5 접속사 읽기 _ 다음을 예측하게 하는 접속사의 숨겨진 역할   113

  6 진정한 어휘력 _ 모르는 단어가 있어도 지문을 이해할 수 있다   126

  7 글 읽는 속도 _ 한 번에 몇 글자씩 읽어야 할까   129

  8 지문 읽기 _ 조사 한 톨까지 다 읽으면 더 재밌는 이유   134

4장 문해법 2단계 : 해(解)의 문해법 _ 사고화

왜 생각하며 읽어야 할까? 143

무엇을 생각하며 읽어야 할까? 152

사고하는 문해를 위한 해(解)의 문해법 1 _ 예측하며 읽기 155

사고하는 문해를 위한 해(解)의 문해법 2 _ 추임새 넣기 169

5장 문해력을 방해하는 최악의 습관, 속 발음

속 발음 읽기에 대한 착각 185

속 발음 읽기의 원인과 부작용 190

속 발음 읽기 습관을 없애는 방법 1
_ 동화책 읽기, 버스에서 간판 보기 194

속 발음 읽기 습관을 없애는 방법 2
_ 추임새 내며 읽기 199

에필로그 203

서문

나는 불과 몇 년 전까지만 해도 국포자, 언포자와 다르지 않았다. 국어 점수는 늘 나를 배신했다. 수능, 행정고시, 로스쿨 입학 시험. 20대 내내 인생의 관문을 통과하려 할 때마다 '국어 독해'가 내 발목을 잡았고, '국어 시험'에서만 고배를 마셔 뜻한 바를 이루지 못했다. 독해를 못해도 살아가는 데 큰 지장은 없었다. 하지만 나는 좋은 대학, 안정된 직장을 원했다. 국어만 빼면 다 해볼 만했으니 유독 부족한 문해력이 더욱 아쉬웠다. 다른 과목은 외우고, 풀고, 반복하면 되는데 '국어 독해'에서 늘 무너졌다. 이미 수년의 시간을 공부에 투자했던 나에겐 로스쿨 입학시험에서 고득점이 간절했다. 그러려면 국어 독해 고득점이 필요했다.

문해력을 올리기 위해 나는 정말 갖은 노력을 다했다. 나만큼 노력한 사람이 또 있을까 내기해도 좋다. 학생 때부터 10년 이상 문해력에 좋다는 건 다해봤다. 사람들이 하나 같이 말하는 다독, 기출문제 풀기, 어휘력 늘리기, 어느 하나 게을리하지 않았다. 하지만 아무리 책을 많이 읽어도 돌아서면 남는 내용이 없었다. 시험 때마다 기출문제집만 수십 권씩 풀었지만 10년 동안 점수는 단 1점도 오르지 않았다. 영어 단어 외우듯 국어 어휘력을 공부하고 또 공부했지만 단어를 아는 것과 지문의 의미를 파악하는 건 별개의 문제였다.

도대체 무엇이 문제였을까? 이제야 알게 된 사실이지만 나는 단단히 착각했다. 한국에서 태어났으니 한국어를 읽는 건 당연히 되는 줄 알았다. 그건 두 발이 있으니 당연히 달릴 수 있다고 생각한 것과 같았다. 하지만 '달리는 것'과 '달리기 선수가 되는 건' 다른 차원의 일이었다. 나는 이렇게 열심히 달리는데 왜 국가대표가 될 수 없는지 혼자 고민한 셈이었다.

30년이나 죽을 힘을 다해 달리고 또 달렸는데, 아뿔싸! 내내 잘못된 폼으로 달리고 있었던 것이다. 나를 가뿐히 앞서가던 '국가대표 달리기 선수'들의 뒷모습을 보고 열받을 줄만 알았지, 그들을 앞으로 쭉쭉 나아가게 하는 효율적인 폼을 보고 따라할 생각은 한번도 하지 않았던 것이다. 하지만 절망의 눈물을 흘린 것도 잠시, 선수의 폼을 익히는 데 고작 3개월이 걸렸다. 그리고 3개월 만에 국어영역에서 고득점을 받고 로스쿨에 입학했고 결국 변호사가 되었다. 진짜다. 3개월의 마법은 당신에게도 일어날 수 있다.

내가 찾아낸 문해력의 핵심은 바로 '독해의 단계화'이다. 문해력이 뛰어난 사람들을 상대로 글 잘 읽는 방법이 존재하냐고 물었을 때 누구 하나 속시원히 대답해준 이가 없었다. 하지만 나는 오랜 실패와 고민과 연구 끝에 '독해'를 '독'의 단계와 '해'의 단계로 나눠서 연습하는 훈련법을 찾아냈다. 그리고 후천적 문해인이 되었다. 그리고 나처럼 문해력을 타고나지 못해 고생하는 모두를 위해 이 책에 나의 문해력 훈련법을 아낌없이 담았다.

모든 공부는 국어에서 시작된다. AI 시대가 도래해도, 수능에서 영어 시험이 등급화가 되어도 시험 과목에서 절대 빠질 수도, 빠질 리도 없는 과목이 바로 국어 과목이다. 시대가 변해도 결국 그 사람의 일 처리 능력을 가늠하는 건 문해력이라는 데 모두가 동의한다. 따라서 내신 국어, 수능 국어, 대기업 취업적성시험, 5급 및 7급 공직적성평가(PSAT), 로스쿨 입학전문시험(LEET)에는 주어진 지문을 읽고 문해력을 평가하는 국어 시험이 필수로 존재한다.

불과 얼마 전까지만 해도 언포자, 국포자일지라도 암기만 죽어라 하면 패스 가능했던 자격고사 최후의 보루였던 9급 공무원 시험마저 올해부터 '문해력' 위주의 시험으로 바뀐다. 국어 과목 20문항 전체가 맞춤법 고르기 같은 암기 위주가 아닌, 지문을 읽고 판단하는 문해력 시험으로 출제되는 것이다.

이렇듯 문해력이 점점 더 중요해지는 이유는 명확하다. 학교에서도 요즘엔 내신에서 변별력을 갖는 과목이 바로 국어이고, 국어 뿐만 아니라 모든 시험이 긴 글을 읽고 이해한 뒤 생각을 서술하는 방향으로 가고 있기 때문이다. 문해력이 부족하면 국어 점수를 못 올리는 건 당연하다.

게다가 공부 효율도 떨어진다. 남들 100페이지 볼 때 나 혼자 10페이지밖에 이해하지 못한다면 마라톤과 같은 긴 호흡의 공부 레이스에서 노력 투자 대비 효율성은 시간이 갈수록 점점 더 떨어지게 될 것이다.

만약 공무원이라면 지문 해독은 곧 상황을 정확히 파악하는 일과 다름없다. 예를 들어, 전염병으로 인한 막대한 피해 현황이 한 장의 보고서로 전달되었다고 해보자. 공무원이 보고서를 읽고 상황을 입체적으로 이해한다면 신속한 조치를 취하겠지만, 만약 '문해'가 안 된다면 보고서는 글자에 불과해진다. 재해에 속수무책인 공무원이 무엇을 위해 그 자리에 있어야 할까.

기업 채용에서도 문해력이 요구된 지는 이미 오래됐다. 기업의 필기시험은 문해력 테스트가 필수이고, 더 나아가 기업의 심층 면접에서는 회사의 실무자료가 제시되면 자료를 읽고 몇 십 분 이내에 해결 방안을 발표해야 한다. 한 달도 아니고 하루도 아니고, 단 몇 십 분 이내에 해결 방안까지 찾으려면 지문에서 시작해 상황을 입체적으로 파악하는 데까지 순식간에 이루어지는 문해력이 필수다.

태어나서 30년 만에 문해력이 생긴 나는 '후천적 문해인'이다. 문해력을 장착한 뒤 내 삶은 180도 바뀌었다. 현재 나는 연매출 40억 원의 로펌 대표 변호사다. 누구보다 문해력이 부족한 사람들의 고충을 잘 알기에 서류가 낯선 의뢰인들에게 남들보다 두세 배쯤 친절한 변호사가 되었다. 부족했던 시절은 나를 겸손하게 만들었다. 문해력이 부족해 다독하고 외우고 반복했던 수많은 노력들이 좋은 습관으로 자리잡았다. 인생은 새옹지마이듯 후천적 문해인이 된 덕분에 더 풍요로운 삶이 되었다. 뒤로 팽팽히 당겨진 고무줄이 더 멀리 나가듯 남들보다 늦은 덕분에 나는 오히려 더 빨리 날아가는 중이다.

자, 당신도 할 수 있다.

1장 왜 문해력인가

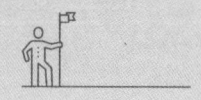

글이 안 읽힌다, 울고 싶다

고교 시절부터 이십 대 내내 국어 영역을 공부하면서 머릿속엔 질문이 떠나질 않았다.

'왜 글이 안 읽히지?'

'열심히 읽었는데 왜 내용이 기억 안 나지?'

'왜 항상 국어 시험 시간은 부족하지?'

언어 영재들은 시험지에 주어진 국어 지문을 술술 읽고 뜻을 단번에 이해하는 듯했다. 나는 태생적 한계를 받아들이기 시작했다. 언어 영재들은 엄마 뱃속에서부터 높은 문해력을 지닌, 언어적 두뇌를 갖고 태어난 '선천적 문해인'이었다. 나처럼 밤새 문제집과 씨름하지 않아도 지문을 거뜬히 읽었다.

태생적 차이를 인정하자 나는 후천적으로 독해력을 올리는 필살기를 찾아내야 했다. 언어적 영재들과 나는 어떻게 다르게 읽는가? 나는 '후천적 문해인'이 되기로 결심했다. 꼼수가 아닌 올바른 방법과 의식적 노력으로, '후천적 문해인'으로 다시 태어나기로 했다.

한글을 배우는 다섯 살 어린이로 돌아간다면 나는 어떻게 글을 읽어야 할까? 근원적 물음에 대한 답을 찾고자 글자의 진정한 의미를 생각했다. 글을 읽는다는 것은 글자가 아니라 글자가 보여주는 세상을 읽는 것이었다. 그러자 잘못된 독해 습관을 폐기하고 새로운 방식으로 글을 읽어 나갈 수 있었다.

필자는 몸소 부딪히며 문해력을 높이는 방법을 찾고자 노력해왔다. 이 책을 통해 10년간 시행착오 끝에 습득한 독해법을 나누고자 한다. 바로 '독해의 단계화'이다. 문해력을 높이려면 독해 방법부터 제대로 알아야 한다. 글자 속으로 뛰어들기 전에 글자를 대하는 방식부터 바꿔야 한다. 진정한 문해는 독해(讀解)에서 '독'과 '해' 두 단계를 거쳐야 한다. 첫째는 '독(讀)'으로 글의 의미를 이해하는 의미화 단계. 둘째는 '해(解)'로 글의 내용을 예측, 비판, 추론하는 사고화 단계다.

분명히 독해를 했다고 생각하지만 문해까지 이어지지 않는 이유의 대부분이 글을 읽는 '독'의 과정만 하고선 독해를 했다고 착각하는 경우다. '해'의 단계, 즉 읽은 내용을 바탕으로 깊이 사고하고 유추하는 사고화 단계가 반드시 따라오는 것이 문해력의 핵심임을 명심하자.

다섯 살 아이는 글을 어떻게 읽을까?

글자를 처음 배우는 다섯 살 아이가 되었다고 가정해보자. 아이라면 그림책을 읽었겠지 싶어 《아기 돼지 삼 형제》를 꺼내들었다. 책을 펼치자 문장 두세 줄과 그림이 나왔다.

> 벽돌로 지어진 셋째 돼지의 집은 늑대가 아무리 입김을 불어도 끄떡없었어요.

그림 속에는 삼 형제와 벽돌집, 그리고 입김을 부는 늑대가 그려져 있다. 그림을 보자마자 글 내용이 머릿속에 쏙 박힌다. 그 순간 깨달았다. 나는 지금껏 글을 허투루 읽었구나. 글 내용을 이렇게 머릿속에 하나의 이미지로 떠올렸어야 하는데 그러지 않았구나.

'벽돌집', '돼지', '늑대', '입김', '불다', '끄떡없다'라는 단어들을 입으로 따라 읽기만 했다. 서른 살에 그림책을 보니 글이 이미지화되면서 유추와 해석으로 자연스레 이어진다는 걸 알게 되었다.

'요행을 바라지 않는 셋째 돼지는 현명했구나.'
'준비를 잘하면 두려울 게 없구나.'
'작가는 이 점을 독자에게 말하려 했구나.'

단어를 입으로 따라 읽는 것과는 다른 차원의 접근이었다.

다음 단계로《집에 온 고양이 빈센트》라는 그림 없는 동화책을 골랐다. 그림은 없지만 머릿속에 이미지를 상상하며 읽기 시작했다.

> 고양이 빈센트는 일등 항해사가 외치는 소리를 들었어요.
> "드디어 집에 왔다."

빈센트는 집이라는 소리에 마음이 설렜어요.

"와, 집에 도착했다. 어떤 곳인지 빨리 보고 싶은걸. 틀림없이 세상에서 가장 멋진 곳일 거야."

항해사가 목청이 보이도록 외치는 모습을 상상했다. 마치 내가 항해사가 된 것처럼 기뻤다. 생각이 꼬리를 물었다. '글 속에는 나와 있지 않지만, 고양이 빈센트는 배 안에서 밖을 못 보는 상황인가 보다. 빈센트는 집의 모습을 어떻게 상상했을까? 배 밖으로 나가는 순간, 그가 본 것은 문자 그대로 집이 아니라 바다가 아니었을까? 배는 바닷가에 정박했을 테니까.' 나의 예측을 확인하면서 다음 글을 읽으니 이해가 빨랐다.

동화책 다음으로 위인전과 역사책을 읽었다. 읽는 원리는 크게 다르지 않았다. 읽기란 상상하고 생각하는 과정이다. 사회, 철학, 예술 관련 도서도 마찬가지다. '미술사에서 입체주의는 사물을 현실 그대로 묘사하지 않고, 기하학적 형상으로 재구성하려 했다.'라는 문장을 읽고, 눈, 코, 입이 조각처럼 따로 노는 피카소의 그림을 떠올렸다.

한 달이 지나자 고쳐야 할 읽기 습관이 보이기 시작했다. 나는 의미가 아니라 글자에 집착했다. 소리 내어 (또는 속으로 발음하며) 읽으면 내용 파악이 잘될 거라고 착각했다. 그런데 소리를 내서 읽는 건 의미 파악과는 아무런 관련이 없었다. 그건 책에 밑줄을 그어야 제대로 공부했다는 것과 같은 착각일 뿐이었다.

습관을 고치기 시작하자 어려운 시조도 제대로 읽을 수 있었다. 문학 시험에 단골로 출제되는 조선 시대 황진이의 시조 〈청산리 벽계수야〉를 보자.

> 청산리 벽계수야 수이 감을 자랑 마라
> 일도창해하면 다시 오기 어려워라
> 명월이 만공산하니 쉬어 간들 어떠리

'청산리 벽계수'의 한자어를 풀이하면 '청산에 흐르는 푸른 시냇물'이다. 시냇물에게 빨리 간다고 자랑하지 말라는 의미다. '일도창해'란 '한번 넓은 바다에 다다르면'이란 뜻이다. 결국 삶은 흘러가면 되돌리기 어렵다는 의미다.

이 시조를 제대로 감상하려면 풍류를 즐기는 선비처럼 자연을 감상하는 상상력이 필요하다. 단순한 암기로는 이해가 어렵다. '청산'을 떠올려보자. 녹음이 우거진 산속, 나뭇잎들 사이로 햇살이 빗금치듯 쏟아진다. 새 지저귀는 소리가 메아리가 되어 퍼진다. 시냇물이 바위 위로 미끄러지듯 콸콸콸 흘러가는 소리에 귀를 씻고 마음을 씻는다. 이렇게 상상하면 청산리 벽계수를 글자 너머로 실감할 수 있다.

'일도창해하면'은 어떠한가. 시냇물은 산골짜기를 타고 마을을 구불구불 돌아 강가에 다다른다. 지류에서 온 물줄기와 섞이고 섞여 하나의 강으로 흐른다. 그러다 여러 계절을 건너 남해에 다다랐다. 머릿속에 그려 보니 '일도창해'에 담긴 세월의 깊이에 압도되지 않을 수 없다. 일도창해에 담긴 자연의 무한함. 그에 비하면 벽계수의 수이 감은 티끌만 하다. 자랑할 축에도 못 낀다. 대자연 속에서 인생은 모래알보다도 작다는 것을 느끼지 않을 수 없다. 이것이 진정한 문해의 결과다.

후천적 문해인

　초등학교 국어 교육은 쓰기와 말하기에 치중했다. 저학년 때는 받아쓰기를 주로 했다. '안는다? 않는다? 뭐가 맞지?' 철자를 바르게 표기했는지, 띄어쓰기가 맞는지가 최고의 관심사였다. 매일 일기도 썼지만 '오늘도 재미있었다'로 끝나는 기계적 쓰기에 가까웠다. '읽기' 수업이 있긴 했지만 어떻게 글을 읽어야 하는지, 그 의미를 어떻게 해석해야 하는지 등의 방법을 배운 기억은 없다.

　"자, 1분단 성진이부터 소리 내 읽어볼까?"

　목소리를 키우고 또박또박 한 단락씩 읽었다.

　"오늘은 10쪽까지 다 같이 소리 내어 읽어보자."

　나는 또박또박 잘 읽는 데 집중했지 글자 너머의 의미는 전혀 머릿속에 넣지 않았다. 사고화 과정이 없으니 내용이 장기 기억에 남을 리 없다.

　학창 시절 국어 점수가 괜찮았어도 사회에 나오면 글자 앞에서 작아지는 사람들이 많다. 취업해서 근로계약서에 서명하려는 순간, 유급 휴가 조항을 읽고도 이해를 못 한다. 집을 구하는데 임대차 계약서를 들고 끙끙거린다. '임대인', '임차인', '임대차보호법' 글자를 몰라서가 아니다. 단어 각각의 뜻은 알겠는데 의미적으로 연결이 안 된다. 정확하게 이해를 못 하니 각 조항을 내 상황에 맞게 풀어 적용하기는 더욱 버겁다. 까막눈도 아닌데 읽지 못해 세상 돌아가는 걸 모르고 생활의 질이 떨어진다. 점점 눈 감고 귀 닫고 살다 도태되는 느낌. 집 떠나면 고생이라고? 문해력 낮으면 평생 고생이다.

문해력의 중요성을 깨달은 뒤 나는 노력하는 후천적 문해인이 되기로 했다. 문해인은 '문장을 해독하는 사람'이다.

어릴 적 내 주변에는 태어날 때부터 독해하는 촉수를 달고 태어난 문해 영재들이 수두룩했다. 긴 지문을 스르륵 읽고 단박에 이해하는 타고난 문해인과 그렇지 못한 나는 태생부터 다르다. 이 사실을 받아들이는 데 십 여년이 걸렸다. 그러자 그동안 내가 공부를 잘했다는 자만심이 사라졌다. 차분한 마음으로 글자를 마주했다.

문해력을 높인다는 건 두 다리가 있어 그냥 달리는 것을 넘어 '잘 달리는 방법'을 배우는 일이다. 초등학교 체육 시간에 처음으로 100미터를 달린 순간을 떠올려 보자. 잘 달리는 친구들은 12초, 13초 만에 결승선에 들어왔다. 내 기록은 15초였다. 매일 저녁 운동장을 돌기 시작했다. 그러나 단 1초도 기록을 단축시킬 수 없었다. 그러다 체육 선생님의 지도로 발디딤 자세나 무릎을 구부리는 각도, 세밀한 동작을 반복하며 익혀갔다. 몇 바퀴를 돌다가 숨이 차올랐다. 더는 달리 수 없었다. 이번에는 호흡을 조절하는 법을 터득했다. 달리는 속도가 차츰 빨라졌다. 한 달이 지나자 100미터를 13초에 뛰게 되었다.

언어 능력도 똑같다. <u>언어 이해는 기본적인 국어 능력과 함께 이해, 추론, 비판과 같은 사고력을 요구하는 두뇌 활동이다. 저절로 되지 않는다. 잘 읽는 방법을 배우면 잠재된 문해력이 움트기 시작한다.</u> 나 역시 잘 읽는 방법을 연구하고 체득한 후 3개월 만에 로스쿨에 입학했다.

모든 신체 능력은 유기적으로 발달한다. 반복적으로 몸을 움직여야 능력치가 올라간다. 제대로 하려는 집중력과 계속 하는 끈기가 요구된다. 달리는 속도가 빨라졌다고 거기서 만족하면 능력은 후퇴한다. 잘 달리는 일에 최대한 집중해야 신체 감각이 최적의 상태로 깨어나면서 기록을 단축할 수 있다.

문해력도 두뇌의 이해력이 유기적인 시스템으로 작동하는 일이다. 반복 훈련과 부단한 노력이 없다면 차츰 원상태로 돌아온다. 한국인이 한때 영어를 유창하게 했어도 연습을 안 하면 입이 굳어지는 것과 같은 원리다.

나는 글자 앞에서 주문을 외운다. '나는 노력하는 후천적 문해인이다.' 그렇게 뇌를 풀가동시키면서 집중 모드에 돌입한다. 글 속의 누군가와 끊임없이 대화하듯 읽는다. '다음 문장에서 자세한 설명이 나오겠네요.', '비유를 통해 당신이 말하고자 하는 게 이거였군요.'

러너가 운동화 끈을 매고 몸을 구부리듯, 읽는 사람에게도 글자 앞에서 갖추어야 할 기본자세가 있다. 의식적인 노력과 생각. 방심은 금물이다. 쌓아 올리는 건 오래 걸리지만 와르르 무너지는 건 한순간이다. 멈춤이 곧 추락이다. 제대로 못 읽는 굴레에서 벗어나고 싶다면, 이제부터 '노력하는 후천적 문해인'으로 살아가야 한다.

서당 개 삼 년이면 글도 읽을까?

글이 위대한 이유는 글로 전달하는 의미는 쉽게 와전되거나 왜곡되지 않기 때문이다. 글을 구성하는 단위는 문장이며, 문장은 주어, 동사, 목적어라는 완결된 구조를 갖는다. 문장의 의미는 앞, 뒤 맥락에 의해 연결되므로 글은 논리적일 수밖에 없다.

다음 글을 보자.

> 주연이는 어젯밤 자다가 조용히 주방으로 나왔다.
> 그녀는 냉장고 앞에서 한참 서 있었다.
> 이튿날 냉장고에 사과 하나가 없어졌는데, 범인이 누구인지 모른다.

사과를 훔친 범인은 누구일까? 주연이라고 추측할 수 있지만 물증이 없다. 같은 상황이 말로 전해진다고 가정해 보자.

> A: 어젯밤 늦게 주연이가 주방에 있는 걸 누가 봤대.

B: 그래? 주연이가 사과 먹은 거 아니야?

C: 주연이가 사과를 먹은 거야?

D: 주연이가 사과를 먹었다고?

말은 쉽게 부풀려진다. '봤다더라. 그랬다더라.' 말 한마디가 산 넘고 물 건너면 그대로 전해질 리 없다. 중세 유럽의 로미오와 줄리엣도, 조선의 이순신도 긴박한 상황에서는 글자를 써서 전갈로 부쳤다.

말은 즉흥적이고 글은 사고 과정을 거친다. 찌는 듯한 여름날 거리를 걷다 지치면 '아, 진짜 덥다.'라고 말할 수 있다. 그러나 같은 상황을 글로 쓴다면 앞뒤 설명을 붙여야 한다.

30도가 넘는 더운 날씨에 거리를 걸었다. 너무 더워서 혼잣말이 나왔다.

"아, 진짜 덥다."

덥다고 하니 더 더웠다.

짧지만 문장 간에 인과 관계가 있다. 글은 의미의 유기적 연결이므로 앞뒤 관계를 살펴야 제대로 이해할 수 있다. 따라서 서당 개 삼 년이면 풍월은 읊을 수 있어도 글을 이해할 수는 없다. 글은 체계적으로 익혀야 이해할 수 있다. 글을 제대로 읽으려면 문장 속으로, 행간 속으로 뛰어들어가는 대단히 능동적인 행위가 필요하다.

법, 학문, 경제, 세상만사가 글로 전해지고, 글을 통해 세상이 돌아간다. 서당 개 삼 년으로 보고 듣고 읊은들 무엇하리. 글을 붙잡고 해독하지 못하는 자. 경제 기사 하나에 끙끙대고, 시험지 지문을 이해하지 못하는 자. 도태될 수밖에 없는 세상이다.

웹툰보다 웹소설이 재밌는 이유

영화 〈세일즈맨의 죽음〉은 아서 밀러의 동명 희곡을 영화화한 작품이다. 원작인 희곡 초반부에 아내 린다가 남편 윌리를 맞이하는 대목에서 아래와 같은 내용이 나온다.

> 린다는 대체로 명랑하지만, 윌리의 행동을 봐주면서 꾹 참는 버릇이 있다. 그녀는 남편을 몹시 사랑하고 존경하며, 그에게 성마른 기질과 성질, 황당한 꿈과 자잘한 심술궂음이 있다 해도 그것이 남편의 내면에 있는 격한 바람 때문이라는 것을 안다. 그 바람은 린다의 마음에도 있는 것이지만 감히 입 밖에 꺼내거나 대놓고 추구하지 못하는 것이기도 하다.

네 줄의 문장은 인간의 복작복작한 내면을 담고 있다. 린다는 어떤 방식으로 남편을 사랑하고 존경했을까? 문맥을 살피면 쉽게 유추할 수 있다. 그녀는 참는다. 본래 얌전한 성격은 아니지만 남편은 봐준다. 남편 윌리를 사랑하기 때문이다.

　영화에서 린다는 윌리가 오는지 바깥 기색을 살피는가 하면, 그에게 "종일 어디 있었어요? 어디 불편한 건 아니에요?"라고 자주 묻는다. 영화는 네 줄의 문장을 두 시간 분량의 필름에 담는다. 짧은 글이라도 그것이 전하는 의미가 깊다면 영상의 분량은 그 몇 배가 된다. 제작비, 동원되는 인력 등을 고려한다면 글이란 얼마나 효율적인 의미 전달 체계인가.

　영상은 찰나에 지나가버려 관객의 시선은 장면을 쫓기에 바쁘다. 장면을 멈추고 개입할 틈이 없다. 이해가 안 되면 안 되는 대로 건너뛸 수밖에 없다. 반면 글은 어떤가? 이해가 안 되는 대목에서 독자는 행간을 비집고 들어가 명탐정 홈즈처럼 앞뒤 관계를 따져가며 추리할 수 있다. 게다가 글은 표현이 간결하고 명확하다. '린다가 윌리를 몹시 사랑한다', '남편에게는 성마른 기질이 있다.' 적확한 단어로 쓴 문장은 의미를 선명하게 전달한다.

　또한 글은 상상력을 무한대로 끌어올린다. 내가 아는 한 〈해리포터〉 골수팬은 시리즈를 읽고 또 읽는다. 읽을 때마다 이야기에서 우러나는 맛이 달라 자꾸 읽게 된단다. 그런데 그는 〈해리포터〉 영화는 단 한 편도 보지 않았다. 글로 읽으면 마법의 세계가 머릿속에 무한대로 펼쳐지지만 영화는 아니란다.

　"조앤 롤링의 문장을 내 머릿속에서 재현하는 재미가 큰데, 영화를 보면 영화감독의 상상력에 의존하게 되니 재미가 덜하지."

　소설이 원작인 영화에 대해 사람들은 원작이 주는 감동에 못 미친다고 자주 말한다. 특히나 정신적으로 심오한 주제의 소설을 이미지로 구현하기란 더 어렵다.

 몇 년 전 카프카의 소설 《변신》을 읽었다. 평범한 세일즈맨 그레고리는 어느 날 잠에서 깨자마자 자신이 커다란 갈색 벌레로 변신해 있는 것을 발견한다. 그를 보고 경악한 아버지는 그레고리를 방에 감금시키고, 주변 사람들은 그를 혐오한다. 고도의 불안과 고독, 열등감에 그레고리는 쇠약해진다. 현대 사회의 인간 소외와 부조리, 소설의 관념적 주제를 어떻게 시각적 이미지로 풀어낼 수 있을까? 결국 그레고리는 아버지가 던진 사과에 상처를 입고, 어느 날 아침 죽고 만다. 외상이지만 정확히는 내면의 상처다. 존재를 잃은 존재, 그 내밀한 정신세계를 어떻게 화면에 담을 수 있을까? 관념적 개념은 글을 통해서만 전달할 수 있다. 시각적 이미지가 지구만큼이라면, 글은 은하계만큼의 의미를 전달한다고 해도 지나치지 않다.

 나는 이런 이유로 영상보다 글을 선호한다. 웹툰보다 웹소설이 더 재밌고, 문해력을 높이고 난 뒤에는 소설을 영화처럼 읽게 되었다. 웹소설의 문장 하나가 내 안에 바람을 일으켰다.

그는 두 손바닥을 펼치고 장풍을 쏘았다. 그러자 벽돌이 하나, 둘 무너지기 시작했다.

 이 대목에서 장풍은 눈으로 보는 장풍이 아니요, 글 속으로 걸어 들어가 내가 만드는 장풍이다. '쏴쏴쏴' 바람이 몰아치는 소리, '우르르' 굉음을 내며 나를 뒤흔드는 소리에 몸이 붕 뜨기 시작한다. 글만으로도 신이 난다.

글을 잘 읽는 법이 존재할까? 단언컨대 존재한다

공부는 글로 주어진 내용을 얼마나 잘 읽고 이해하는지에 따라 승패가 나뉜다. 어떤 과목이든 마찬가지다. 즉, 지식을 추구하는 학습은 글을 보고 저자가 전달하려는 내용을 얼마나 정확히 파악하는지에 따라 그 수준이 결정된다.

문해력 수준을 검증하기 위해 우리나라에는 수많은 국어 시험이 존재한다. 내신 국어, 수능 국어, 공무원 국어, 대기업 국어적성시험, 5급 공무원 국립외교원 입학 시험 PSAT, 법학전문대학원 LEET 등등.

그렇다면 우리의 공부 인생을 결정짓는 '글 잘 읽기'는 어떤 방법으로 읽는 것을 말할까? 이 질문을 들고 나는 학교 선생님, 학원 선생님, 서울대학교에 간 선배들을 붙잡고 물어보았지만 어떤 명확한 대답도 들을 수 없었다. 그럼 글 잘 읽는 법 같은 건 존재하지 않는 걸까?

아니다. 존재한다.

상위 1%의 글 잘 읽는 사람들인 선천적 문해인들은 글을 읽으면 무의식적으로 문해를 한다. 나머지 99%는 무의식적으로 글을 이해하거나 사고할 수는 없다. 수많은 뇌과학 서적에도 나오듯, 사람의 뇌는 일을 하지 않고 가만히 있으려는 성향이 강하기 때문이다. 뇌를 일하게 하려면 의식적으로 생각하는 과정을 수면 위로 끌어올려야 한다. 대부분의 사람들은 글을 잘 읽기 위해 대단히 의식적으로 후천적으로 노력해야 하는 것이다.

후천적 문해인인 나는 오랜 연구 끝에 의식적으로 문해력을 끌어올릴 수 있는 방법을 체계화시켰고 그 방법은 생각보다 어렵지 않았다. 글을 잘 읽으려면 주어진 내용을 독해(讀解)하면 된다. '독해'라는 단 두 글자에 문해력의 모든 것이 함축되어 있다.

1단계 : 독(讀) - 의미화 단계. 글 내용의 의미를 이해하다.
2단계 : 해(解) - 사고화 단계. 이해를 바탕으로 생각하고 사고하다.

글을 잘 읽으려면 1단계 '독'의 단계에서 글을 정확히 읽고 머릿속에 의미화를 해야 한다. 그리고 2단계 '해'의 단계에서 글 이면에 숨겨진 내용을 예측하고, 구조를 이해하고, 새로운 내용을 추론하고 비판해야 한다.

우리나라의 모든 국어 시험은 '독'과 '해'의 단계를 검증하기 위해 지문 하나당 통상 세 개의 문제를 배치한다. 1, 2번은 주로 의미화 문제이고 3번은 사고화 문제이다. 1, 2번 문제인 "이 글을 가장 적절히 이해한 것은?", "이 글에 대한 내용으로 적절한 것은?"은 '독'의 단계에서 제시문을 제대로 이해했는지를 묻는 문제로 제시문과 일치하는 해답을 찾는 '일치형' 문제들이다. 반면 3번 문제 "윗 글을 바탕으로 추론한 내용으로 가장 적절한 것은?"은 '해'의 단계를 거쳐야만 풀 수 있는 문제로 제시문을 보고 비판과 추론을 통해 사고하는 능력을 검증하는 문제이다.

문해력이 부족해서 글을 잘 읽지 못하는 사람들은 1단계 '독'의 단계조차 제대로 이행하지 못하는 경우이다. 제시문을 읽을 때 글의 의미를 이해하려 하지 않고 글자 자체를 소리내어 읽는 데 그친다. 그렇게 되면 1번 문제부터 제시문을 읽고 또 읽게 되어 결과적으로 시험 시간이 부족해지는 결과를 낳는다. 이렇게 1단계도 이행하지 못한 사람들은, 당연히 2단계에도 이르지 못하며 따라서 사고화를 묻는 질문을 만나면 손도 못 댈 가능성이 높다.

문해력이 중간 정도라면 1단계 '독'의 단계는 어느 정도 이행하는 사람들일 확률이 높다. 하지만 여기에 머무른다면 글의 의미만 겨우 이해하는 단편적인 수준에 그친다. 2단계 '해'의 단계가 빠져 있다면 사고화를 묻는 문제는 풀기 힘들다. 그렇다면 3번 문제가 주어졌을 때 제시문을 또다시 반복해서 읽게 되는 참사가 발생한다.

우리나라의 어떤 국어 시험도 제시문을 두 번 이상 읽을 시간을 주지 않는다.

시험을 목적으로 하는 우리는 단 한 번 읽기로 제시문의 '독'과 '해'의 단계를 모두 마쳐야 한다. 즉, 독해를 동시에 끝내야 한다는 것이다. 그건 다른 어떤 이유보다 시간이 부족하기 때문이다. 우리나라 국어 시험은 제시문을 딱 한 번 정도 읽고 의미화 문제 두 개, 사고화 문제 한 개까지 총 세 문제를 풀고 넘어가야만 제한된 시간 안에 시험을 끝낼 수 있도록 시간을 설정해두었기 때문이다.

따라서 후천적으로 문해력을 높이는 방법은, 시험 전에 공부를 할 때는 제시문을 읽을 때 '독'과 '해'를 단계별로 이행하고, 마침내 시험에 들어가서는 '독해'를 동시에 끝내기. 이것이 가장 기초적이고 원론적이지만 글을 잘 읽는 유일한 정석적인 방법이다.

구체적인 방법론에 대해서는 3장과 4장에서 나누고자 한다.

2장 시험을 위한 문해력

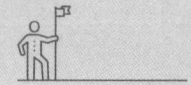

9급 공무원 시험은 왜 독해력을 보는가?

"지식 암기 위주에서 현장 직무 중심으로"

공무원 시험을 준비하는 수험생들 사이에 기사 하나가 퍼졌다. 2025년부터 국어 과목 20문항 전체를 지문 제시형으로 출제할 방침이란다. 기사가 보도되자 수험생 카페는 댓글로 들썩거렸다.

"더 어려워지는 거 아닌가요?"

"그럼 어떻게 대비해야 하나요?"

지금껏 해온 대로 예상 문제나 노량진 학원의 국어 족집게 과외에 기댈 수 없으니 막막하다는 한탄이 여기저기서 들렸다. 그 가운데에는 의아해하는 이도 보였다.

"과학이나 예술 등 직무와 무관한 지문을 읽고 파악하는 게 업무와 무슨 연관이 있나요?"

지문 독해 시험으로 수험자의 어떤 능력을 파악할 수 있을까? 지문(地文)이란 땅처럼 펼쳐져 바탕이 되는 글이다. 바탕글은 넓다. 어떠한 현상에 대한 정보를 두루 담고 있다. 여기서 중요한 점 하나. 글자는 땅처럼 펼쳐지나 그 속의 내용은 입체적이라는 사실이다. 글 속에는 공간이나 시대적 배경이 세워지고, 그 안에서 사건이나 현상이 발생한다. 달리 말하면, 글을 제대로 읽는 능력이란 글에 담긴 정황을 실제처럼 '이해'하는 능력이다.

재정 상태를 이해한다.
저출산의 심각성을 이해한다.

'이해한다'라는 건 무엇일까? 이해(理解)는 다스릴 '리'에 풀 '해' 자를 쓴다. 상황을 다스려 풀이하는 주체적 사고 행위이다. 이해하려는 사람은 현상을 다양한 각도로 보려 한다. 왜 이런 현상이 일어났는지, 해결 방안은 무엇인지 미루어 생각하고 논할 수 있다. 결국 글을 '이해'하는 능력은 직무를 능동적으로 수행하기 위해 반드시 요구되는 사고력이 아닌가.

출제 유형을 알아보기 위해 사이버국가고시센터에 기재된 모의 문제를 살펴보았다. 이육사의 시에 관한 지문이 제시되었고, 이 글을 이해한 내용으로 가장 적절한 것을 고르는 형식이었다.

이육사의 시 〈절정〉에는 시인의 길과 투사의 길을 동시에 걸었던 작가의 면모가 고스란히 담겨 있다. 가령, 〈절정〉은 크게 두 부분으로 나누어지는데, 투사가 처한 냉엄한 현실적 조건이 3개의 연에 걸쳐 먼저 제시된 후, 시인이 품고 있는 인간과 역사에 대한 희망이 마지막 연에 제시된다. … (이하 생략)

첫 단락을 읽으면, 머릿속에 양 갈래 그림이 그려지면서 사고가 전개된다.

1. 〈절정〉이라는 시는 두 부분으로 나뉘는구나. 투사 이육사와 시인 이육사.
2. 우선 3개의 연까지는 투사 이육사가 나오는구나.
   투사가 처한 냉엄한 현실적 조건이라…. 이게 무슨 상황이지?
   적군이 쳐들어오는 한복판에서 투사 이육사가 칼을 들고 싸우는 상황을 말하는 거겠지.
3. 그러다 마지막 연에서 흐름이 바뀌네.
   인간과 역사에 대한 희망이라….
   목숨이 위태로운데도 시인 이육사는 희망을 그렸구나.
   기필코 나라와 민족을 구하리라 믿었다는 거네.

지문을 끝까지 읽지 않아도, 글의 구조를 어느 정도 예상했다. 첫 단락에서 시의 전체적 흐름을 설명했다면, 다음 단락에서는 각 연에 대한 부연 설명이 이어질 것이었다. 지문을 파악한 뒤, 문제를 풀기 위해 4개의 선지를 읽었다. 그 가운데 아래 내용이 눈에 들어왔다.

시인은 투사가 처한 현실적 조건을 외면하지 않고 새롭게 인식한다.

이는 첫 단락에 나온 다음 문장과 같은 의미였다.

시인은 투사가 처한 냉엄한 현실을 역사에 대한 희망으로 품었다.

'역사에 대한 희망으로 품었다'를 '외면하지 않고 새롭게 인식했다.'라로 달리 표현했을 뿐이다. 글자가 아니라, 이육사가 처한 상황을 정확히 이해했다면 풀 수 있는 문항이다.

공무원에게 지문 해독은 곧 상황을 정확히 파악하고 논하는 것이다. 이는 고도의 지적인 업무를 처리하는 능력과 관련이 있다. 예를 들어, 조류인플루엔자로 매일 닭 수십만 마리가 갑자기 죽어가는 상황이 발생했다. 양계 농장이 겪는 막대한 피해 현황을 담은 보고가 전해 내려왔다. 이를 읽고 상황을 입체적으로 이해했다면 현장의 위기를 파악해 신속히 조치하겠지만, 그렇지 않다면 보고서는 글자에 불과할 뿐이다. 이러한 위기 상황이 아니더라도, 글을 제대로 이해하지 못하면 업무에 차질이 생기는 건 안 봐도 뻔하다. 이메일에 적힌 지시 사항을 이해 못 해 일을 엉뚱하게 처리하거나, 법령을 잘못 해석해 행정 서비스를 제대로 수행하지 못할 수 있다. 이 불편하고 답답한 상황을 예방하는데, 문해력 검증만 한 것이 또 있을까?

앞서 언급한 기사에서 인사혁신처장은 민간채용시험과의 호환성 강화를 위해서도 출제 기조를 전환했다고 밝혔다. 쉽게 말하자면, 공무원 임용이든 기업 채용이든 시험 방식이 같아진다는 뜻이다. 9급 공무원 시험을 준비하다가 상황에 따라 기업 채용에도 지원할 수 있다. 기업 채용에서 문해력이 요구된 지는 한참 됐다. 대기업 입사 시험에 지원하면, 서류전형 후 치르는 인적성 검사에서 지문형 문제가 출제된다. 다음으로 심층 면접도 같은 방식이다. 회사가 직면한 상황, 실무자료 등을 제시한 후 몇십 분의 시간이 주어진다. 수험자는 지문의 내용을 바탕으로 해결 방안을 발표한다. 면접관은 그가 상황을 제대로 인식했는지, 문제를 해결할 수 있는지를 평가한다.

출제 기조 전환으로 학원가는 술렁이고, 수험생은 급급하다. 심화반, 속성반으로 우르르 몰려가며 합격을 위해 기를 쓰지만 읽기에 요령은 없다. 읽기의 목적은 글 속의 상황을 입체적으로 이해해 현실을 인식하는 것. 넓게 보자면 주어진 일을, 내가 속한 사회와 세상을 올바르게 인식하기 위한 행위다. 겹의 눈으로 글을 바라보자. 읽기란 글자에 담긴 상황의 전과 후, 옆과 속을 들여다보는 행위로, 깊게 읽어야 문자 너머 세상을 이해할 수 있다.

학교에서 국어는 물론 영어, 수학도 문해력이 필요하다

'문해력'은 흔히 국어와만 연결 짓는데, 이는 오해다. 글은 모든 학문을 전달하는 기호 체계이며, 문해력은 글이 전하는 사실이나 현상을 이해하는 능력이다. 글에는 만유인력의 법칙이 담길 수도 있고, 혹은 애덤 스미스의 경제학 이론이나 고차함수의 원리가 담길 수도 있다.

대학생 시절 과외 지도를 할 때였다. 학생이 영어 지문 앞에서 끙끙대기에 한국어로 번역된 글을 제시했다. '영어는 외국어니까 어려울 수 있지만, 한국어는 쉽게 이해하겠지'라는 생각에서였다. 그런데 예상과는 달리, 학생은 한국어로 된 글을 읽고도 문제를 풀지 못했다. 글자를 아는 것과 글의 내용을 이해하는 것은 별개였다. 한 가지 예를 들어보겠다.

· 영어 지문 ·

'Norms emerge in groups as a result of people conforming to the behavior of others. Thus, the start of a norm occurs when one person acts in a particular manner in a particular situation because she thinks she ought to.'

· 번역 지문 ·

'관습은 집단 내에서 다른 이들의 행동에 순응하는 결과로서 등장한다. 그래서 관습의 시작은 한 사람이 특정한 상황에서 특정한 방식으로 행동할 때 일어나는데, 그 이유는 그 사람 스스로 마땅히 그렇게 해야 한다고 생각하기 때문이다.'

'관습', '집단', '행동', '순응', '결과' 한국어로 번역된 지문에 학생이 모르는 단어는 없었다. 그런데도 해당 지문의 문제를 풀지 못하는 이유가 무엇일까? 지문을 읽지 못하는 이유는 어휘력이나 문법의 문제가 아니라 글 속 상황을 이해하는 능력이 부족해서다. 달리 말하면, 단어 암기와 문법 통달로 독해를 독파할 수 없다는 뜻이다. 이제 문장을 읽어보자.

'관습은 집단 내에서 다른 이들의 행동에 순응하는 결과로서 등장한다.'

이 문장을 이해했다면, 문장의 의미를 내 경험과 인식의 범주 안에서 풀어낼 수 있어야 한다.

'관습은 사회 구성원들이 인정하는 질서나 풍습이잖아. 예를 들면 버스에 노인이 탑승하면, 젊은 사람이 일어나 자리를 양보하지. 어른을 공경하라는 유교 사상을 사람들이 점점 따르기 시작하면서 관습이 되었다는 거지.'

위 문장을 보다 직감적으로 이해한다면, 문장을 읽자마자 한 사람의 행동을 여러 사람이 우르르 따라하는 모습을 떠올릴 수도 있다.
글은 의미를 다스려 경험적 배경 안에서 풀어낼 수 있어야 한다. 그래야 글을 통해 내용을 학습하며, 다양한 학문을 익힐 수 있다. 문해력의 중요성은 언어 과목에 국한되지 않는다. 현재 초중고 수학 과목에서 출제되는 문제를 보면 상황을 제시하는, 몇백 자 분량의 지문이 등장한다. 이는 교육 방침의 변화와 관련이 있다. 입시를 위한 학습에서 벗어나 실생활에서 마주하는 문제를 해결하는 수학적 사고력을 기르는 데 중점을 두겠다는 취지이다. 아래는 초등학교 1학년 수학 문해력 기르기 문제집에 나오는 문제 유형이다.

• 수학 문제 예시 •

키와 몸집에 맞는 옷을 입어야 해요. 바지가 너무 작거나 짧으면, 몸을 움직이기가 불편합니다. 또 바지가 너무 길거나 헐렁하면, 질질 흘러내리고 바지 끝이 밟힐 수가 있어 위험하지요.

바지를 살 때는 미리 입어본 상태로 앉았다가 일어나 봅니다. 그래서 너무 조이지도 않고, 흘러내릴 정도로 크지 않다면 나에게 맞는 바지 크기입니다.

그런데 바지를 입어보지 못할 때가 있어요. 그럴 때는 바지 안쪽에 적힌 신체 치수를 살펴보면 되지요. 신체 치수란에 신장이 적혀 있기 때문에, 그 수치를 보고 바지를 고르면 나에게 맞는 바지를 쉽게 찾을 수 있어요. 우리나라 초등학생이 입는 옷의 신장 치수는 보통 120에서 150까지 있어요. 1학년은 120을 주로 입고, 1년이 지날 때마다 평균 7cm 키가 커진답니다. (이하 생략)

단순히 덧셈, 곱셈 공식만 익혀서는 위 문제를 풀 수 없다. 이제는 '일주일마다 돼지 세 마리, 소 다섯 마리가 농장에 들어옵니다. 농장의 모든 동물에게 밥을 주려면, 한 달에 몇 마리가 먹을 분량의 사료를 준비해야 할까요? 다음 달에는 몇 마리의 사료를 준비해야 할까요?' 상황을 던져주고 그에 맞는 공식을 스스로 찾아 대입하는, 주체적 사고력을 요구하는 시대다.

결국 앎, 지식이란 현상에 대한 이해에서 비롯한다. 글 속에 담긴 현상을 정확히 이해하는 능력, 문해력이야말로 모든 학문과 교육의 기초임은 두말할 나위가 없다.

수능에서 논술과 면접도 읽기 능력이 당락을 결정짓는다

자립형 사립고 입학을 앞둔 조카가 인성 면접을 앞두고, 자기소개서 첨삭을 부탁했다. 그중 '졸업 후 진로 계획을 묻는 항목'에 쓴 답이 눈에 들어왔다. 조카의 답변은 아래와 같았다.

> 지원자의 고등학교 졸업 후 진로 계획에 대해 서술하시오.
>
> 제 꿈은 난치병, 희귀병을 연구하는 의사가 되어 생명을 구하는 것입니다. 꿈을 이루기 위해 수업 시간에 열중하며, 예습과 복습을 철저히 하겠습니다. 특히나 어려운 과목을 집중적으로 공부하여 꿈을 이룰 것입니다.

얼핏 보면 잘 쓴 답변처럼 보인다. 그러나 진로 계획을 묻는 질문에 조카는 진로를 위한 노력에 대해 적었다. 그럴듯한 동문서답을 한 것이다. 정성 들인 답변도 취지에 맞지 않으면 무용지물이다. 문장 하나 잘못 이해해 입학이 어려울지도 모를 일이다. 한 문장이라도 제대로 읽는 것이 인생의 기로를 정한다. 제대로 쓰고 말하려면 '똑바로 읽기'부터 시작해야 한다.

면접에서 학업 또는 업무 수행의 잠재력을 평가한 지는 오래됐다. 하지만 예상 질문과 모범 답안을 머리에 주입해봤자 소용없다. 질문이 어디에서 나올지 예측 불가하기 때문이다. 필자는 현재 변호사로서 수도권 소재 법학전문대학원(로스쿨) 면접심사위원직을 맡고 있다. 면접 당일 심사 위원들은 교실에 모여 출제 위원들이 알려주는 면접 문제의 취지와 정답을 듣는다. 즉, 정답이 존재한다는 뜻이다. 면접관과 수험생이 얼굴을 마주 보는 형식이긴 했지만 자세나 말투, 표정이 중요한 게 아니었다. 근래에는 인성 면접이 아니라 적성 면접만 보고 있기 때문에 긴 글을 주고 이에 대한 해답을 찾아내는지 아닌지를 평가하는 데 중점을 둔다.

예를 들어, 수험생은 20분간 제시문을 읽고 다음과 같은 질문에 답을 정리해 설명하는 형식이었다.

• 질문 •

"A 사건과 관련하여, 기득권을 지키기 위해 사업자들이 담합하여 새로운 사업자들이 영업을 못 하게 하는 것과 새로운 사업자들의 영업을 어렵게 하는 법안의 통과를 위해 담합하여 로비하는 것은 무엇이 다르다고 보는가?"

문제를 풀려면 질문의 의미부터 파악해야 한다. 위 질문에는 두 가지 담합이 나온다. 전자는 공정한 경쟁을 파괴하는 담합이요, 후자는 기존 사업자들(이익집단)의 주장을 입법기관에 알리는 로비를 위한 담합이다. 질문에 대한 답은 이미 제시문 안에 있다. 제시문을 제대로 읽었다면 풀 수 있는 문제였다.

시험 30분 전, 심사 위원들이 모인 자리에서 출제 위원이 나눠준 정답지는 다음과 같았다.

"자, 제시문이 말하는 바는 00이고요. 핵심 키워드는 00입니다. 이 키워드를 넣어서 설명하면 만점 주셔야 합니다. 00 같은 오답 키워드를 넣어서 설명하면 1점씩 감점합니다."

수행 잠재력을 평가하는 시험인 만큼, 똑 부러지는 정답이라는 게 없으리라 생각했다. 그런데 OX 퀴즈처럼 정답과 오답으로 변별하다니. 결국 면접은 수험자가 글의 논지를 정확히 집어내는지를 파악하는 독해 테스트다. 이는 수두룩한 서류와 씨름하며 사실 관계를 파악하는 변호사의 업무 특성상, 가장 필수적인 자질이 아닌가. 독해가 관건인 건 논술 시험에서도 마찬가지다. 논술은 글쓰기 시험이 아니다. 제시문을 정확히 해석하고 출제자의 의도에 맞게 답을 하는, 문해 능숙도 시험이다.

업종을 불문하고, 기업 채용에서는 제시된 지문을 읽고 문제에 대한 답을 종이에 정리해 발표하는 면접을 진행하는 추세다. 머리에 띠를 두르고 책상에 몸 붙이고 있으면 '합격'하는 시대는 지난 지 오래다. 국토는 좁고, 석유 한 방울 나지 않는 나라에서 산다. 경제 성장을 위해 인적 자본을 최우선으로 두는 건 당연하다. 기업이나 대학에 지원자가 우르르 몰리는 가운데, 치솟는 경쟁률을 뚫으려면 문해력을 무기로 장착하는 수밖에 없다.

왜 하필 문해력일까? 하나를 보면 열을 안다고 글을 정확히 읽는 자가 결국 일을, 세상을 정확히 읽는 법이다. 논지 파악, 이해와 요약과 추론. 이러한 고도의 지각을 갖춘 사람은 무조건 '네' 하는 기계적 수용에서 벗어나 능동적으로 사고한다. 문해력을 갖춘 자가 곧 인재다.

회사에서 잘 읽는 사람이 일도 잘한다

몇 년 전 나는 재산세 관련 상담을 받기 위해 세무서를 방문했다. 마주 앉은 공무원에게 내가 현재 처한 상황을 설명한 후 이런저런 질문을 던졌다.

"이럴 경우 사실 관계가 어떻게 되죠? 예외 규정에 적용되는 거 아닌가요?"

담당자는 이런 질문을 처음 받는지 당황한 어투로 잠시만요 하며 팀장을 모셔왔다. 공문을 봐야 안다고 잠시 시간을 달라고 하더니 서류를 한참 뒤적거린 뒤에야 답변했다.

"거의 서류상 규정에 해당하는 상황 같기는 한데요…. 서류의 내용과 정확히 같은지는 지금 해석하지 못하겠네요."

확실한 것은 모르겠으니 상급 기관인 법제처에 문의하고 추후 알려주겠단다.

문자가 세상을 다스린다는 말이 맞기는 맞다. 국가나 공공기관이 제정한 법령이나 지침, 조례나 규정은 모두 공문 형태로 공무원에게 전달된다. 새 규정이 적용된다면 규정이 바뀐 취지가 무엇이고 적용일 기준으로 어떻게 달라지는지, 공문 등의 문서 내용을 정확히 이해해야 민원 응대가 가능하다. 민원인이 처한 상황을 파악하고, 그에 적용되는 규정을 안내할 때도 문해력이 관건인 셈이다.

일을 처리하는 모든 조직과 회사 역시 문자 체계로 움직인다. 모든 보고는 문서로 올라가고 결정 역시 문서로 내려온다. 당연히 중요한 계약이나 업무 인수인계도 문서를 거칠 수밖에 없다.

"보고서를 읽기는 읽었는데, 이게 무슨 말인가?"

내용을 파악하지 못해 상사 앞에서 어리둥절하면 진퇴양난이다. 공직에 채용된 어느 지인은 읽는 공문서마다 한자어가 걸림돌처럼 박혀 있어 한탄을 늘어놓곤 했다. '내용물을 응축(凝縮)하는 공정을 단축(短縮)하다.' 응축과 단축, 둘 다 '줄인다'라는 뜻으로 같기는 한데 정확히 어떤 의미인지 아리송하다. 한자어는 소리 나는 음과 관계없이 함축적인 뜻을 지닌다. 즉, 음과 의미가 따로 노는데 의미가 겉으로 드러나지 않고 속에 담겨 있어 파악하기 어렵다. 일상에서 한자어를 더더욱 쓰지 않는 MZ 세대는 오죽할까. 학업을 갓 마친 신입 사원이 회사 문서에 적힌 '소급'이라는 단어 앞에서 한참 머물렀다는 얘기를 들었다.

올해 임금 인상분이 확정됨에 따라 지난 1월부터 6개월간의 소급분을 계산, 내달 5일께 지급한다.
사업 인정 고시일부터 소급하여 2년 이전에 증여받은 경우로서, 법률에 따라 협의 매수된 경우에도 이 규정은 적용하지 않는다.

'소분하다는 자주 들었는데, 소급은 뭐지? 작게 나누어 지급한다는 건가?' 눈동자를 깜빡이며 추측했단다. 소급(遡及)은 거슬러 올라갈 '소'에 미칠 '급'이다. 소급 적용이란 어떤 법률, 규칙 따위가 시행되기 이전에 일어난 일에까지 거슬러서 미치도록 적용하는 일을 말한다. 예를 들어, 어떤 규칙을 2022년부터 2년간 소급한다면, 2020년부터 적용한다는 뜻이다. 이렇듯 단어를 구성하는 한자어의 뜻을 하나하나 살피면 의미를 쉽게 파악할 수 있다.

내가 하는 변호사 업무는 서면으로 시작해 서면으로 끝나기 때문에 더욱 문해력이 요구된다. 얼마 전 한 의뢰인이 동업자에게 돈을 받지 못해 민사 소송을 준비한다며 상담을 받으러 왔다. 상담 시 의뢰인이 건네준 자료만 해도 공책 몇 권은 되는데, 변호사는 이를 삼십 분 남짓한 시간에 읽고 넝마처럼 얽힌 정황을 파악해야 한다. 그 후, 변호사가 핵심을 얼마나 잘 집어내 의뢰인에게 해결 방안을 제시해 주는지가 수임 여부를 결정짓는다.

"이 사건을 해결하려면 우선 동업 계약서부터 확인해야 하는데요. 선생님은 동업자에게 매출 자료 등을 청구할 권리가 있습니다. 즉, 특정 기간에 해당하는 매출이나 순수익 자료를 보여 달라고 요구하는 것이지요. 이 조항이 서면으로 계약서에 적시되어 있나요? 적시되었다면 내용 증명을 통해 요구할 수 있습니다."

내 말을 듣고 그는 가방을 뒤적이다 동업 계약서를 보여주었다. 해당 조항은 전혀 적혀 있지 않았다. 그러나 자료 청구는 동업자가 요구할 수 있는 당연한 권리이기에 문제가 되지 않았다. 의뢰인은 자신의 자료를 정확히 분석 및 이해하고, 그에 맞는 대응 방안을 내놓는 변호사를 신뢰하지 않을 수 없다. 결국 이 의뢰인은 상담 이십 분 만에 나를 변호사로 선임했다.

변호사 간의 싸움도 서면에서 시작해 서면으로 끝난다. 실제 법정에서의 재판은 1분 남짓이다. 변호사의 능력은 서면 작성에 달려 있는데, 의뢰인이 제출한 몇천 장의 자료 가운데 유리한 자료를 선별하고 취합하는 과정을 거친다. 먼저 진술서 및 증거 자료 등 손 한 뼘 정도 두께의 서류를 읽기 시작한다. 문서 해독이 빠르면 한두 시간 만에 마치고 일사천리로 진행되나, 그렇지 못하면 며칠 밤 뜬눈으로도 다 읽을까 말까 한다. 읽은 후에는 글로 서술하여 재판장을 설득하는 작업을 거친다. 민사 소송 시 변호인이 제출하는 소장은 A4용지 서른 장을 넘지 못한다. 구구절절 나열하지 말고 판결에 필요한 핵심만 추출해 나열하라는 뜻이다.

직장인의 하루는 컴퓨터에서 시작해 컴퓨터로 끝난다. 보고서나 발표용 자료를 읽거나 작성하다가 퇴근하는 게 일상이다. 읽는다는 것은 의미를 읽는 것이요. 쓰는 것은 의미를 쓰는 것이다. 의미를 정확하게 이해하는 문해력 없이 일을 잘하기란 불가능하다. 무슨 일을 하든 글을 제대로 해독하는 능력은 필수임에도 불구하고, 현대인의 문해력은 점점 퇴화하는 추세다.[1] 우려스럽게도 글을 등한시하는 풍조가 만연하다. 스마트폰의 보급, 유튜브의 도래로 모든 정보를 동영상으로만 얻으려 한다. '현타', '버카충' 같은 줄임말이나 이모티콘 등 즉흥적 언어에 길들어져, 조금만 문장이 길거나 복잡하다 싶으면 아예 읽지 않으려 든다.

옛날에는 호환, 마마, 전쟁 등이 가장 무서운 재앙이었으나 현대에는 스마트폰 중독만큼 인간의 사고 능력을 해치는 치명적인 재앙이 없다. 스마트폰에 중독[2]되면 전두엽의 기능이 약해져 판단과 사고가 흐려진다. 약물 중독인 사람이 환각에 무신경해지듯이, 스마트폰 중독자는 시간의 소비에 무신경해질 가능성이 크다. 쓰지 않는 신체 부위는 퇴화하는 법. 문해력 저하로 전두엽이 점차 퇴화하는 건 아닌

---

[1] 한국교육과정평가원의 '경제협력개발기구(OECD) 국제 학업 성취도 평가 연구' 보고서에 따르면 한국 학생들의 문해력은 2009년에서 2018년 사이 15퍼센트포인트 떨어져 조사 대상 5개국 중 가장 큰 하락폭을 나타냈다.

[2] 구인구직 매칭 플랫폼 〈사람인〉이 성인 남녀 5,267명을 대상으로 한 조사에 따르면, 하루 평균 스마트폰 사용 시간은 3시간 55분이다. 본인이 스마트폰 중독이라 생각하는지 묻는 질문에는 20대의 48.7퍼센트, 30대의 43.7퍼센트가 그렇다고 응답했다.

지, 그래서 똑똑한 기계가 저지능 인간을 지배하는 세상이 다가오는 건 아닌지 염려스럽다.

제대로 읽어야 글도 정확히 쓴다

보안 업체들이 해킹 대회를 열고, 자사의 보안 시스템을 해킹하는 해커를 채용한다는 기사를 읽은 적이 있다. 채용된 해커를 '화이트 해커'라 하는데, 이들이 전산망의 허점을 가장 잘 알기에 역지사지로 금융가에서 이들에게 금융 보안을 맡긴다고 한다. 해킹을 막는 또 다른 해커라니. 하긴 어떻게 뚫리는지 알아야 어떻게 막을지 보이는 법이니 해커만 한 보안 전문가가 없겠다. 글도 마찬가지다. 제대로 읽고 이해할 수 있다면, 반대로 글을 어떻게 써야 독자가 이해하기 쉬운지 자연스럽게 터득하게 된다.

독자가 글을 해독하는 과정을 살펴보면, 역으로 필자로서 글을 쓸 때 도움이 된다. 말로든 글로든 표현할 때, 의미 자체를 상대의 머릿속에 고스란히 전하려고 노력한다. 불필요한 수식어구를 빼고, 의미 전달에 꼭 필요한 단어만을 골라 사용한다. "선희는 열심히 공부하나요?"에 대한 답변을 예로 들어보자.

A: "네, 수학을 열심히 공부합니다."
B: "무엇보다도 수학을 열심히 공부합니다."

C: "수학만 열심히 합니다."

답변 A는 두루뭉술하다. 수학은 열심히 하지만 나머지 과목은 어떤지 알 수 없다. B는 가장 열심히 공부하는 과목이 수학이라는 사실을 강조한다. 다른 과목도 어느 정도 공부한다는 추측도 가능하다. C는 다른 과목은 제쳐두고 수학에만 매달리는 뉘앙스다. 얼핏 보기에는 세 답변이 비슷한 의미로 다가오지만, 부사나 조사 하나가 문장 전체의 뉘앙스를 흔들기에 표현 하나에 신중할 수밖에 없다.

선명한 의미 전달을 위해서는 문장을 쓸 때 주어, 목적어, 동사의 기본적 구조를 갖추고, 품사마다 맡은 역할을 제대로 해야 한다. 몇 년 전 인터넷 신문에 나라 공문이 떠돌았다. 세계적으로 유명한 영화제에서 수상한 배우에게 보내는 축전에 관한 내용이었다.

데뷔 30주년을 맞는 올해, 드라마 〈오징어 게임〉을 통해 세계인의 더 큰 사랑과 관심을 받게 되어 더욱 뜻깊습니다. … 배우님의 뛰어난 연기가 캐릭터와 보는 이의 마음을 하나로 만들었습니다.

첫 번째 문장은 어떤가? 의미가 흐릿하다. 이는 주어가 명확하지 않기 때문이다. 즉, 세계인의 더 큰 사랑과 관심을 받은 주체가 그 배우인지, 우리나라인지 의미가 뚜렷하지 않다. 두 번째 문장은 기본 구조는 갖추었으나 애매하기는 마찬가지다. 캐릭터와 보는 이의 마음을 하나로 만들었다는 게 무슨 뜻일까? 뛰어난 연기로 관객의 마음을 사로잡았다는 건지, 극 중 캐릭터의 감정에 이입되었다는 건지 아리송하다. 물론 글이 뜻하는 바를 대강 알 수는 있지만, 정확한 의미로 와닿지 않아 독자는 '그런가 보다' 할 뿐이다.

말은 두서없이 내뱉는 경우가 많아서 한 귀로 들어왔다 한 귀로 흘러나가기 쉽다. 반면에 글은 흐름으로 전개된다. 하나의 주제에 대해 시간 순서로 또는 논리적으로 의미를 펼친다. 말에도 흐름을 넣어보면 어떨까?

A의 말: "어제 밥 먹은 데 있잖아. 거기가 어디였더라? 서울의 숲 근처였지. 거기를 수연이랑 갔었는데. 맞아! 엄마네 식당. 암튼 그 집 된장찌개가 맛있더라고. 가격도 저렴하고 말이야."

B의 말: "어제 수연이랑 서울의 숲 근처 식당에서 밥을 먹었어. 이름이 엄마네 식당인데 괜찮더라. 특히 된장찌개가 맛있고 가격도 저렴해."

A보다 B의 말이 기억에 오래 남는 이유는 하나의 이야기로 연결되는, 정확한 구조적 흐름이 있기 때문이다. B의 말을 들으면 만나서 식당에 들어가 된장찌개를 먹는 일련의 이야기가 머릿속에 자연스럽게 그려진다. 있잖아. 거기가 어디였더라? 하는 불필요한 단어를 삭제하니 의미가 선명하게 드러난다.

말도 글과 같이 의미 전달을 목적으로 한다. 말할 때 듣는 사람이 지루하지 않게 효율적으로 전달하는 방법을 생각할 필요가 있다. 직장인이라면 회식 자리에서 한없이 늘어지는 누군가의 말에 하품을 참았던 적이 있을 것이다. 그럴 때 참다못해 누군가 우스갯소리로 말한다. "과장님, 그래서 결론이 뭔가요?", "두괄식으로 말해주세요." 이 말은 빠르게 의미를 전달하라는 요구가 아닐까?

명확한 의미 전달에 치중하다 보면 표현력은 좋아지기 마련이다. 어떻게 하면 쉽게, 정확하게 전할까? 오래 기억에 남도록 전할까? 글로든 말로든 전하고자 하는 바를 제대로 표현할 수 있다면, 말하기와 쓰기, 두 가지 능력은 같이 상승하지 않을까?

글을 제대로 읽는지 점검하는 법

나는 문해력이 있을까? 없을까? 확인할 수 있는 간단한 방법이 있다.

1. 가사를 제시한다.
2. 노래 원곡을 몇 번 들으며 가사를 익힌다.
3. 가사 없이 반주에 맞춰 노래를 부른다. 이때 가사를 어느 정도 정확하게 부르는지 확인한다.

나는 군에 입대하던 시절, 무대 위에서 노래 두 곡으로 신병 신고식을 치러야 했다. 미리 연습할 겨를도 없이 무대에 올라야 하는 상황에서 나는 즐겨 부르던 노래, 체리 필터의 〈낭만 고양이〉를 선택했다. 반주가 시작되자 가사가 절로 흘러나왔다.

> 내 두 눈 밤이면 별이 되지
> 나의 집은 뒷골목 달과 별이 뜨지요
> 두 번 다신 생선 가게 털지 않아
> 서럽게 울던 날들 나는 외톨이라네
> 이젠 바다로 떠날 거예요
> 거미로 그물 쳐서 물고기 잡으러
> 나는 낭만 고양이

첫 곡은 무난하게 지나갔다. 이어서 두 번째 곡 이승기의 〈내 여자라니까〉의 반주가 흘러나왔다.

나를 동생으로만, 그냥 그 정도로만…

　군대 오기 전 수십 번을 불러본 노래였지만 가사가 생각이 나질 않아 당황했다. 당시에는 음악적 재능이 부족하다고 치부하고 말았지만, 후천적으로 문해력을 높인 뒤 이유를 알게 되었다. 〈낭만 고양이〉 가사의 의미는 내 머릿속에 비교적 선명한 그림으로 남겨진 상태였다. 컴컴한 밤 고양이 한 마리가 뒷골목에 앉아 하늘을 보고 있다. 두 눈은 반짝거리고, 생선 가게를 등진 자세를 취한다. 거미가 고양이 옆에서 그물망을 짜고, 고양이는 그 그물을 바다에 펼치고 있다. 노래를 부르는 순간, 나도 모르게 고양이 애니메이션이 머릿속에 스쳤다.

　반면 〈내 여자라니까〉를 부를 때는 머릿속에 아무것도 떠오르지 않았다. 평소 절절한 멜로디에 취해 흥얼거렸을 뿐, 이미지가 연상되거나 가슴이 저릴 만큼 가사의 의미를 제대로 느끼고 이해하지 못했기 때문이다.

　나는 후천적 문해인으로 거듭난 후부터 예전보다 수월하게 가사를 외운다. 가사를 대여섯 번 읽고 연습하면, 가사 없이 음에 맞춰 노래를 (완벽하지는 않더라도) 어느 정도 부를 수 있는 정도였다. 이는 암기력이 높아서가 아니다. 내용을 의미화 하면서 가사 속 상황을 머릿속에 떠올리고 공감하며 읽었기 때문이다. 이것이 문해력을 가진 자와 그렇지 않은 자의 차이다.

　문해력에 대한 깨달음을 얻고 난 뒤부터 습관 하나가 생겼다. 일상에서 눈에 들어오는 글자를 보면, 그 의미를 하나의 이미지로 즉시 떠올린다. 운전 중 도로 표지판에 '저수지'라는 단어가 보이면, '저수지'라는 글자 기호가 아니라 넓고 잔잔한 물웅덩이를 떠올린다. 길을 걷다가 '병원'이라 쓰인 간판이 보이면 녹색 십자가를 떠올린다. 이 글을 쓰는 지금 내 사무실 탁자에는 구기자차가 놓여 있다. 열매가 들어간 차를 연상한다. 이는 문자라는 기호를 의미로 이해하기 위한 나의 습관이다.

저- 수- 지 라고 한 글자씩 (겉으로든 속으로든) 읽지 않고 '저수지'를 하나의 의미로 인식한다. 문해력을 기르는 습관을 유지하기 위해 로스쿨 입학 시험 당일에는 시험장에 데려다주는 아버지 차 뒷좌석에 앉아 같은 연습을 반복했다. 창밖을 스치는 일련의 단어를 볼 때마다 기호 자체가 아니라 기호에 담긴 이미지를 번뜩 떠올렸다. 수개월 연습해 체득하자 이미지를 연상하는 속도가 점차 빨라졌다. 달리 말하면, 글자의 의미를 정확하게 파악하는 능력이 향상되었다.

저수지　　　　　구기자차　　　　　병원

글자는 하나의 기호에 불과하다. 의미를 담고 있는 껍데기일 뿐이다. 소리 내어 읽는 것은 글자를 상대방에게 음성으로 전달하려는 인위적 행위일 뿐, 의미를 파악하는 것과는 별개다. 일상에서 문장 하나를 읽더라도 그 속에 숨겨진 함의를 파악할 수 있어야, 장문의 글도 제대로 읽을 수 있다. 어느 날 아파트 엘리베이터를 탔는데 벽에 적힌 광고 문구가 우연히 눈에 띄었다.

소독퀵서비스란 재 소독을 원하거나, 사정에 의해 소독을 못한 세대를 위하여 신속하게 민원을 처리해 드리는 서비스입니다. 바로 전화 주십시오.

'소독퀵서비스가 뭐지?' 나 역시 한눈에 파악하기 어려워 재차 읽었다. 이 문장에서 가장 강조하는 바가 무엇일까? '신속한 소독'이다. 아파트에서 전 세대 소독을 일괄적으로 했지만 못 받았다면 신속하게 서비스를 제공하겠다는 뜻이다. 의미를 시각화하는 훈련을 체화했다면, 이 문장을 읽을 때 소독업체 직원이 연락을 받고 5분 만에 출동해 집을 소독하는 장면을 곧장 떠올리게 된다. 즉, 문장을 읽을 때 내가 강조하는 핵심을 빠르게 집어낼 수 있다.

단어든 문장이든 함의를 파악해서 읽는 습관을 들이면, 그 의미를 정확하게 이해하고 오래 기억할 수 있다. 식당에서 고기를 먹고 계산하려는 찰나 지인이 입구에 적힌 문구를 쳐다보고 있었다.

저희 가게는 미국산이 아닌 100% 한우만 씁니다.

"음, 좋은 고기를 쓰나 보네. 그래서 맛있나 봐."

지인의 말에 나는 고개를 끄덕이며 해당 문구를 쳐다봤다. 그러자 내 머릿속에는 두 마리 소의 모습이 자동으로 떠올랐다. 먼저 '미국산이 아닌'을 읽었을 때, 흰 살갗에 검정 얼룩이 있는 미국산 얼룩소가 초원에서 풀 뜯는 모습이 떠올랐고, 그림 전체에 빨간 X가 그어진 채로 사라졌다. 눈 깜박하는 순간, 이번에는 시골에서 볼 수 있는 한우, 누렁소가 그려졌다. 밭 한쪽에는 동그란 소똥이 나뒹굴고, 그 옆에 큰 눈의 누렁소가 '음메' 하고 운다. 소머리 위에 100이 크게 보였다. 내가 먹은 고기는 미국산 얼룩소가 아니라 한우산 누렁소로 자동 인식이 된 상태였다. 십여 분이 지나 나는 지인에게 물었다. 아까 광고 문구를 한참 쳐다보던데, 무슨 내용이었는지 기억하느냐고. 그러자 지인이 답했다.

"어… 그러니까 고기 얘기였는데…, 미국산보다 한우를 많이 쓴다고 했던 거 같아."

<u>짧은 문장임에도 불구하고 그 글자를 정확히 의미화하여 읽지 않으면 필자가 전하고자 하는 핵심을 기억하지 못한다.</u>

함의를 파악하면서 문장을 읽으면, 글이 나타내는 인물의 내면 역시 좀 더 깊게 바라보게 된다.

아이는 백 점을 받기 위해 두 달 동안 열심히 공부했지만, 성적이 기대에 못 미치자 엉엉 울었다.

이 문장을 겉으로만 읽으면, 아이가 시험 못 봐서 운다고 이해하는 데 그친다. 하지만 문장의 앞부분에 담긴, 두 달간 밤늦게 책상에서 분투하며 공부했을 아이를 떠올려 보면 어떤가? 우는 게 그냥 우는 게 아니다. '울었다'라는 행위 너머로 아이의 속마음을 헤아려본다. 최선을 다했으니 결과가 나오지 않을 때 아이는 나락으로 떨어진 듯한 충격과 아픔에 사무쳤을 것이다. '내가 부족한가, 나는 안 되나 보다.' 싶기도 하고, 공든 탑 무너지듯 무언가가 와르르 무너지는 듯했을 것이다. 좌절, 슬픔, 자괴, 허탈. 온갖 잿빛의 감정들이 뒤엉켜 목구멍을 타고 올라와 울음으로 왈칵 터져 나왔다. 글의 의미를 이해한다는 건 인간의 복잡한 감정을 이해하고 헤아릴 만큼 깊고 섬세하게 읽는다는 뜻이다.

아침에 눈을 뜬 순간부터 주변을 둘러보면 기호나 글자가 널려 있다. 멀리 갈 것도 없다. 반경 5미터 이내에 얼마나 많은 글자가 나를 향해 손짓하고 있는지 지루할 틈이 없다. 특히나 광고 문구나 간판은 한눈에 쏙 들어온다. 간결한 표현으로 쉽고 정확하게 상품이나 가게의 매력을 알리기 때문이다. 간판을 읽을 때, 가게 주인이 상호를 통해 전하려는 의도를 이해하려고 한다.

　어느 날 길을 걷다가 인상적인 미용실 간판이 눈에 들어왔다. '미스터 바리깡' 군입대를 앞두고 머리카락을 밀어버리는 남자의 모습이 눈에 들어왔다. 어떠한 결기로 들어가야 하는 미용실이었다. 흔하게 'ㅇㅇㅇ이발소'라고 이름 지었으면 기억에 남지 않았을 텐데, 가게 이름 속에 고객층이 명확히 보인다. 옆 골목에 '볶을래 미용실'은 파마를 전문으로 한다. '안 그래도 조만간 파마해야겠다'라고 흘러가듯 생각했는데, 볶을래? 하고 물으니 힘없이 늘어진 모발을 만지작거리게 된다.

　내가 봤던 미용실 가운데 가장 기억에 남는 간판을 꼽는다면, '머리 예쁘게 하는 날'이다. 간판을 기호로만 읽었다면 진작 기억에서 사라졌을 테지만, 의미를 떠올리면 행복한 상상에 빠지지 않을 수 없다. 헤어 스타일이 근사하면 기분 또한 산뜻해진다. 멋스러운 옷을 입고 누군가를 만나고 싶어진다. 사장님이 전하고자 했던 의미는

'우리 미용실에서 예쁘게 머리하고, 기분 좋은 날 되세요.'라는 의미였을 것이다.

<u>글자가 기호가 아니라 의미로 다가오면, 진정한 문해력을 기를 수 있다.</u> 나를 둘러싼 문자에 대한 감응력이 생겨 일상에 볼거리, 해석할 거리가 풍부해지니 지루할 틈이 없다.

문해력의 핵심은 어휘력이 아니다

서점에서 문해력을 주제로 검색하면, 결과 창에 어휘를 강조하는 책 제목이 주를 이룬다. 과연 어휘력이 풍부하면 글을 잘 읽을 수 있을까? 책 읽는 과정을 떠올려보자.

우선 책을 펼친다. 행간을 넘어가다 모르는 낱말 앞에서 눈동자가 멈춘다. 사전 검색창에서 뜻을 살피고 다음 문장으로 넘어간다. 한참 읽다가 낯선 단어에 시선이 걸린다. 다시 사전을 열어본다. 서너 번 반복하자 번거로워진다. 이제 모르는 낱말은 건너뛰고 읽어나간다. 신기하게도, 마지막 부분에 다다랐을 때 글의 흐름이나 취지를 이해하는 데 큰 무리가 없다. 왜 그럴까? 글의 이해는 문장과 문장, 문단과 문단 사이의 연결을 파악하는 데에 있기 때문이다.

글을 구성하는 문장은 하나의 레고블록과 같다. 여러 블록을 짜 맞추어 하나의 구조를 만들듯이 문장과 문장은 서로 보충하면서 단락으로 결합하고, 하나의 주제를 완성해 나간다. 추상적인 개념은 구체적인 예시로 선명해진다. 주장 다음에는 이를 뒷받침하는 이유를 나열해 설득하고자 한다. 단락은 하나의 생각 덩어리이다. 토막 문장 속 단어 몇 개의 뜻을 모른다 해도, 문장의 유기성을 고려하면 전체 덩어리를 파악할 수 있다.

한 친구가 어휘력을 높이고자 단어집을 만들었다. 책을 읽다가 생소한 단어를 만나면, 공책에 나열하고 사전에 나온 뜻을 하나하나 적었다. 단어가 백 개, 천 개 쌓여갈수록 뿌듯하긴 하나, 이게 다 내 머릿속에 저장되었는지는 확신할 수 없다. 몇 년이 지나 단어장을 뒤적이니 같은 단어가 여러 번 적힌 것을 발견하고는 기억력 감퇴인가 싶었단다. 단어집이 두꺼워진 만큼 암기 거리도 늘어 마음이 무거워졌단다.

단어를 외워가면서 익히려면 시간이 오래 걸릴뿐더러 효과도 크지 않다. 그보다 일상에서 단어의 의미를 실제로 체험하면 보다 효과적이다. 어린아이는 '사과'라는 단어를 온몸으로 익힌다. '이 빨갛고 동그란 과일이 사과구나.' 눈으로 보고 손으로 만지작거린다. 그러다 코로 사과의 향을 맡고, 입에 넣어 달짝지근한 맛을 느끼기 시작한다. 치아로 씹으면서 사각사각 소리를 듣는다. '사과'를 사전에서 찾아 암기한다면 어떨까? 사전에 따르면 사과는 '사과나무의 열매'이다. 그렇다면 사과나무는? 하고 파고들었다. '장미과 낙엽 교목으로 ~ 비타민 C가 풍부하며, 신맛과 단맛이 난다.' 사전적 설명으로 단어를 실감하며 그 뜻을 이해하는 데에는 분명 한계가 있다.

사과를 먹고 만지듯 실제 체험한 단어는 머릿속에 장기 기억으로 남는다. 그렇다면 체험할 수 없는 단어는 어떻게 해야 할까? 머릿속에 구체적이고 명확한 형상으로 떠올리면 눈으로 본 것과 다름없다. 친구가 여러 번 기록한 단어 중에는 '아득하다'가 있었다. 사전적 의미는 아래와 같다.

아득하다

: 보이는 것이나 들리는 것이 희미하고 아주 멀다.

: 까마득히 오래되다.

: 정신이 흐려진 상태다.

: 어떻게 하면 좋을지 몰라 막막하다.

'아득하다'는 시각, 시간, 정신, 심리상태 등 문맥에 따라 의미가 다양하게 활용되는 단어이다. 나열된 의미를 음미하자 머릿속에 흐릿한 이미지가 펼쳐졌다. 눈을 게슴츠레하게 떴을 때 들어오는 시야. 저 멀리 희미하게 보이는 물체. 또는 안개가 자욱해 앞이 보이지 않는 거리. 그런 다음 아래 문장을 읽었다.

직장을 잃었으니 살아갈 길이 아득하다.
→ '살아갈 길이 흐릿한 거니까 막막하다는 뜻이구나.'

꼬박 삼일을 굶었으니 정신이 아득하다.
→ '기력이 없으니 정신이 맑지 못해 흐릿하다는 의미구나.'

<u>행인들과 차량의 부산한 움직임이 꿈속에서처럼 아득하다.</u>
→ '꿈속에서처럼 흐릿하게 보인다니 느껴지는 감이 멀다는 거구나.'

머릿속에 인식한 '흐릿한 이미지'를 떠올리자 문장의 의미를 이해할 수 있다. <u>정리하자면, 단어를 많이 외우는 것보다 단어의 의미를 선명하게 연상하거나 체감하는 것이 우선이다. 그래야 낱말이 문장 속에서 어떻게 쓰이는지 이해하면서 어휘력이 풍부해진다.</u>

'간'은 음식물의 짠 정도를 말한다. '간'의 의미는 어떤 형상일까? 간장을 한 숟갈 넣거나 소금을 쳐서 음식물 속까지 짠맛이 스며드는 모습을 머릿속에 떠올리게 된다. 이제 아래 문장을 읽어본다.

고등어에 간이 올라서 맛이 좋다.
그녀는 나를 살살 간을 본다.
간도 모르고 함부로 말하지 마라.

첫 번째 문장에서 '간'은 머릿속 이미지 그대로의 의미다. 두 번째 문장에서 '간보다'는 상대가 어떤 생각을 하는지 넌지시 속을 떠보는 걸 일컫는다. 이 관용적 표현을 몰라도, 음식에 벤 간을 맛보듯 사람의 속내를 맛본다고 유추할 수 있다. 마지막 문장에서 '간'은 무엇을 말하는 걸까? 음식 깊숙이 벤 간의 이미지와 연관 지으면 일의 내막이라고 이해할 수 있다. 게다가 앞뒤 맥락을 읽으면 토막 문장 속 '간'이 의미하는 바는 더욱 선명해진다.

글을 읽는다는 것은 전체 맥락을 이해하는 것. 이러한 관점에서 본다면, 토막 문장 속에서 낱말이 어떻게 활용되는지 이해하는 능력이야말로 '살아 있는' 어휘력이다. 허공을 떠도는 낱말, 추상으로 겉도는 낱말을 내 몸 가까이 끌어와 뚜렷한 의미로 체감해보자. '살아 있는' 어휘력으로 문장을 한 올 한 올 정확히 읽으려는 시도. 이것이 문해력을 기르는 첫걸음이다.

국어 학원을 다녀도 점수가 오르지 않는 이유

최근 국어 성적이 상위권을 가른다는 말이 있다. 그래서인지 초등학생 때부터 국어 학원이나 논술 학원을 다니는 학생들이 늘고 있다. 그런데 막상 국어 학원을 1년 넘게 다녀도 국어 점수가 드라마틱하게 오르지는 않는다는 학생들이 대부분이다. 이는 학원을 꾸준히 다니면 점수가 꽤 오르는 수학이나 영어와 뚜렷하게 대비되는 부분이다.

학원 강의만으로 국어 점수가 오르지 않는 건 어쩌면 너무 당연하다. 국어 학원이란 주어진 제시문의 '독해'를 학생 스스로 이미 끝냈다는 전제 하에 국어 문제의 정답을 해설해주는 곳이기 때문이다. 국어 학원은 글을 어떻게 읽어야 하는지, 글을 읽고 어떤 생각을 펼쳐 나가야 하는지 원론적인 '생각 공부'를 시켜주는 곳이 아니다. 오히려 어려운 제시문의 글인 경우 주객이 전도되어 학생이 아닌 선생님이 한 줄 한 줄 읽으며 글의 내용을 해설해준다. 그러니 애초에 혼자서는 독해가 안 되는 학생이 학원을 백날 다녀 봐야 늘 제자리걸음인 것이다.

그럼에도 불구하고 학생들이 국어 학원을 계속 다니며 의존하는 이유는 수업을 다 듣고 나왔을 때 무언가 다 이해된 듯하고 문제 푸는 방법을 알게 되었다는 뿌듯함이 느껴지기 때문이다. 학원에서 한번 봤던 제시문이 운 좋게 시험에 나오기만 하면 자신있게 맞힐 수 있기 때문이다. 하지만 처음 보는 제시문이 나오면 글의 의도를 파악하지 못해 다시 제자리다. 결국 국어 시험은 혼자 힘으로 '독해'를 해낼 수 있느냐 없느냐가 관건인 것이다.

흥미로운 것은, 국어 시험은 독해와 문해력이 잘 키워졌는지 그 능력을 검증받는 테스트인데, 대부분이 그렇다고 생각하지 않는다. 그냥 제시문을 미리 알면 맞히고 모르면 틀리는, 즉 제시문을 최대한 많이 알아놔야 하는, 공부양이 중요한 시험이라고 생각한다. 그리고 문제 맞히기에만 급급해한다. 하지만 국어 시험의 진짜 목적은 처음 보는 제시문도 '독해'를 해내고 사고를 펼칠 수 있는지를 보는 문해력 테스트에 있기 때문에 문제도 과학적으로 설계되어 있다. 제시문마다 문제 1, 2번은 일치형, 3번은 추론 및 비판 유형으로 줄제된다. 따라서 문해력을 끌어올리지 않고 문제풀이에만 매몰된다면 어느 수준부터는 단 1점도 올리기 힘든 것이 국어다.

대한민국의 모든 국어 시험은 주어진 시간 안에 꽤 많은 분량의 제시문을 읽어야 한다. 절대 제시문을 두 번 읽을 시간이 없다. 따라서

이 책에 제시된 문해법에 따라 전략적으로 단 한 번만 읽고도 글의 주제와 의도를 이해하고 유추해내야 한다.

정리하자면, 제시문을 많이 알고 문제를 많이 풀어 봐야 국어 점수가 오르는 게 아니고! 하나의 제시문을 읽더라도 '독해'를 스스로 해낼 수 있는 훈련을 반복해서 문해력을 끌어올린 후, '독해'의 속도를 점차 올려서 글을 읽는 즉시 바로 사고화 단계까지 이를 수 있도록 훈련을 해야 하는 것이다. 이런 단계적 접근을 거쳐야만 국어 점수가 오르기 시작할 것이다.

그러나 많은 사람들은 이러한 단계를 거치지 않고 "나는 한국인이다. 국어는 모국어 시험이니 나는 글을 이해할 거다."라는 환상에 빠져 아무 생각 없이 글을 읽고 또 읽기만 한다. 이런 잘못된 습관이 국어 시험 점수를 단 1점도 오르지 못하게 하는 주범이다.

국어 학원은 문해력을 끌어올린 후에 가면 된다. 스스로 독해가 가능해지는 단계까지만 이르면 비로소 문제 풀이의 방법론을 알려주는 국어 학원이 우리의 성적을 드라마틱하게 올려주는 동아줄이 되어줄 것이다.

문해력보다 오히려 문제풀이가 선행되는 앞뒤가 뒤바뀐 학습으로는 절대 국어 시험에서 상위권으로 도약할 수 없다.

3장 문해법 1단계: 독讀의 문해법 _ 의미화

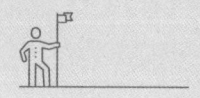

글을 잘 읽는다는 것은?

이미 언급한 바 있듯이 글을 잘 읽는다는 것은 문해법인 '독'과 '해'의 2단계를 온전히 이행하는 것이다.

<u>1단계 : '독'(읽을 독: 讀, 그 내용의 의미를 읽고 이해하다. 의미화 단계)</u>
<u>2단계 : '해'(풀 해: 解, 그 이해를 바탕으로 풀어서 생각하고 사고하다. 사고화 단계)</u>

1단계인 '독의 단계'는 한자 뜻 그대로 글의 내용을 읽고 의미화를 통해 글이 뜻하는 바를 이해하는 것이고, 2단계인 '해의 단계'는 위 글에 대한 이해를 바탕으로 사고하는 과정을 통해 추론, 비판하는 것을 말한다. 3장과 4장에서는 독해의 1, 2단계를 최대한 쉽게 설명해 보고자 한다.

| 문해 1단계 독의 단계_ 의미화 이해하기

읽기는 글에 담긴 뜻을 이해하는 데서 출발한다. 글자는 글의 표면, 껍데기일 뿐이다. 껍데기를 벗기고 알맹이를 채취하듯, 글자 속으로 파고들어 의미를 파악해야 제대로 읽을 수 있다. 이를 의미화라 한다. 의미화를 통한 이해는 독해의 뿌리이자 시작이다.

| 문해 2단계 해의 단계_ 사고하기

제대로 독해하면 머릿속이 활발하게 돌아간다. 읽고 이해한 바를 바탕으로 자기 생각을 지어가기 때문이다. 독해에 요구되는 사고는 크게 비판과 추론으로 나뉜다. 글쓴이의 생각을 무작정 수용하면, 읽기를 통해 사고를 확장하거나 문제를 해결하기 어렵다. 비판적 읽기란 돋보기를 든 감별사처럼 책의 내용을 식별하며 읽는 행위이다. 글의 내용이 사실인가? 글쓴이의 관점이 한쪽으로 치우치진 않았나? 주장을 뒷받침하는 근거는 적절한가? 질문을 던지며 읽는다. '비판적 읽기'는 생각의 씨앗이자 촉매이다.

글의 내용을 하나의 단서로 본다면 탐정처럼 추측하며 읽을 수도 있다. 추론은 글에 직접 드러나거나 드러나지 않는 부분을 미루어 생각하는 사고 과정이다. A를 통해 A′를 짐작할 수 있지 않을까? 추측하며 읽는다. 추론하며 글을 읽으면 드러나지 않는 내용에 대해 생각하게 된다.

문해란 이해 및 사고작용이다. 대입 수학능력, 행정고시 피셋, 로스쿨 입학시험 리트 등 문해력을 평가하는 모든 언어영역 시험 문제 역시 1) 이해, 2) 비판, 3) 추론 유형으로 나뉘어 문해력을 변별한다. 결국 읽기란 글 안에서 시작해 글 밖에서 완성된다.

진정한 문해인은 글 속으로 들어가 의미를 파악하고(이해), 행간에 머물러 생각한다.(비판) 나아가 의미를 글 밖으로 확장한다.(추론) 글 속에 머물다가 글 밖으로 나오는 순간, 아! 하는 인식의 확장은 제대로 읽은 자만이 얻는 깨달음이자 희열이다.

지금껏 나는 어떻게 읽어왔는가

다음 문장을 읽어보자.

우리는 노력하는 후천적 문해인이다.

위의 문장을 읽고 무엇을 생각했는가? 내용의 의미를 깊게 생각하지 않고 글자 그대로 아무 생각 없이 읽었다면 글을 제대로 이해하지 못한 것이다.

자신이 글을 어떻게 읽고 있는지 스스로 되돌아볼 필요가 있다. 중등교육을 마치고 성인이 되었음에도 문해력은 아직 초등학생 수준에 머물러 있는 경우가 허다하다. 그렇다면 과연 제대로 된 읽기란 무엇일까?

위 문장을 어떻게 읽었는지 자신의 독해 유형을 파악하면서 진정한 문해에 대해 생각해 보자.

> A 유형: 우리는 노력하는 후천적 문해인이다.
>
> B 유형: 노력하면 문해력을 높일 수 있다는 말이네.
>
> C 유형: 이 문장에서 필자는 문해력이 선천적으로 정해진 게 아니라고 말하네. 어떤 방법을 통해 문해력을 높일 수 있다고 주장하네. 이렇게 주장하는 근거가 무엇일까?
>
> D 유형: 후천적 노력으로 문해력을 높일 수 있다면, 이를 통해 시험 성적 및 업무 효율과 연관 지어 생각해 볼 수도 있겠네.

A 유형은 글을 글자 그대로 읽는 데 그쳤다. 읽고 난 후 머릿속에 아무 생각도 들지 않는다. B 유형은 어떻게 글을 읽었는가? 글자가 아니라 그 속에 담긴 의미를 이해하며 읽었다. C 유형은 글의 의미를 이해한 상태에서 한발 더 나아갔다. 주어진 내용이 사실인지 의견인지 구분하면서 내용의 타당성을 비판했다. 마지막으로 D 유형은 어떠한가? 이해한 바를 근거로 생각을 확장해 다른 판단을 추론했다. 대부분은 불행히도 A 유형에 속한다. B 유형만 되어도 책을 읽거나 시험을 볼 때 어느 정도의 성과는 이룰 수 있다.

그러나 놀랍게도 선천적 문해인은 의식하지 않고도 C 유형, D 유형으로 글을 읽는다. B 유형에 그치는 글 읽기만 한다면 C 유형, D 유형의 문해인을 절대 따라잡을 수 없다. 정규 교육에서 읽기를 배웠으나 아무도 문해가 무엇인지 정확히 알려주지 않았다. 그저 '글 읽기'라고 답해줄 뿐이다.

이는 "행복이 무엇인가요?"라는 질문에 "그냥 잘 사는 거죠."라고 말하듯 알맹이 없는 대답이다. 문해가 무엇인지 모르기에 문해력을 어떻게 올려야 하는지 알 리가 없다. 후천적으로 문해력을 올리기 위해서는 문해가 무엇인지 정확히 아는 것부터 시작해야 한다. 문해란 단순히 글자를 읽는 데 그치지 않는다.

지금껏 내가 어떻게 읽어왔는지 답하려면 글자나 문자의 유래를 알아야 한다. 인류 역사상 최초의 문자는 고대 메소포타미아 남부 지역에서 발견됐다. 수메르인은 자신의 머릿속에 있는 의미를 전달하기 위해 글자를 만들었고 그 글자는 물고기, 새, 염소, 말 등의 모양새를 그대로 닮았었다. 이를 상형문자라 한다. 가령 물고기라는 글자는 유선형 몸통에 아가미, 지느러미, 꼬리가 달린 모양새였다. 글자를 보면 누구나 '아, 물고기라는 의미를 전달하려고 하는구나!' 하고 알 수 있었다.

문물이 발달하고 시장 경제가 복잡해지면서 더 쉽고 빠르게 의미를 전달할 형태가 필요했다. 예전에는 동식물이나 어류만 그리면 됐는데 결혼, 귀족, 노예 등 그림으로 그리기 어려운 의미가 생성되니 한계에 봉착했다. '방법이 없을까?' 고민하다가 새로운 문자를 발명했다. 이 문자는 곡선을 없애고 사물이나 개념의 특징을 최소화한 형태로, 문자의 선이 쐐기처럼 곧아서 쐐기 문자라 불렸다.

현대에 이르러 문자는 한글, 영어 알파벳 등 직선과 원 위주로 단순화되었다. 문자를 표현하는데 들이는 시간을 줄이면서도, 문자의 전달력을 높이기 위해 형태가 표준화되었다. 고대에는 글자 모양이 곧 의미였지만, 현대에는 글자와 의미가 분리되었다. 한마디로 글자 속에 의미를 담는 형태로 이분화되었다. 예를 들어, '사과'라는 의미를 전하기 위해 사과 모양을 그리지 않고 'apple'이라 표기하게 되었다. 즉, 글자는 인류 역사가 탄생할 때부터 의미를 담은 기호 및 껍데기에 불과하다는 것이다.

| **글자와 음성은 의미를 전달하는 도구일 뿐이다.**

우리는 처음에 어떻게 글자를 배웠을까? 시간을 거슬러 두 살 아기였을 때로 돌아가보자. 아기는 거실 중앙에 앉아 글자판을 말똥말똥 쳐다본다. 글자판에는 칸마다 사물의 그림이 그려져 있고 그 아래 자그마한 글씨로 단어가 적혀 있다.

아기는 팔을 뻗쳐 눈에 들어오는 그림 하나를 손가락으로 가리켰다. 동그란 네 바퀴가 달렸고, 사람이나 물건을 실어 나르는 사물의 그림이었다. 그림을 누르자 소리가 들렸다.

"자동차, 자동차, 자동차."

아기는 눈으로 보고 귀로 들으며 네모나고 바퀴 달린 사물을 '자동차'라고 인지하기 시작했다.

'아, 이게 자동차구나. 자동차.'

매일 아침 아기는 거실에서 놀다가 같은 그림을 향해 엉금엉금 기어갔다. 손가락으로 그림을 누르고 기다렸단 듯 소리를 들었다.

"자동차, 자동차, 자동차."

한 달이 지나 아기는 엄마가 끄는 유모차를 타고 거리를 구경했다. 주위를 두리번거리다 한적한 도로 위를 달리는 자동차 한 대를 보고는 흠칫 놀랐다. 동공이 커지고 입술이 벌어졌다. 손을 뻗어 자신이 인지했던 그 사물을 가리키며 말했다.

"차, 차, 자… 동… 차."

그렇다! 그림 속 자동차를 실제로 보았을 때 아기는 인지한 사물인 '자동차'를 소리 내어 표현했다. 1년 후 아기는 글자 조각을 한데 늘어놓고 단어를 배우기 시작했다.

지읒 (ㅈ), 아 (ㅏ), 디귿 (ㄷ), 오 (ㅗ) …

자음과 모음을 이어 붙이며 글자를 익혀갔다. 몇 년 후 자신이 인지한 사물인 자동차를 글자로 또박또박 적기 시작했다. 적은 글자를 보며 "자- 동- 차"라고 정확하게 발음하게 되었다. 시간이 흘러 아기는 일곱 살 어린이가 되었다. 어느 날 유치원 하굣길에 본 것을 일기로 썼다.

나는 집으로 가는 길에 사과처럼 빨간 자동차를 보았다.

우리는 왜 글자를 배웠을까? 보고, 느끼고 생각한 것을 표현하고 전달하기 위해서이다. 달리 말하면, 의미를 전달하기 위해 글자라는 도구를 활용해 표현한다. 여기서 중요한 점은 글자가 도구라는 사실이다. 글자는 의미 전달을 위한 도구일 뿐이며, 글자를 읽는다는 것은 글자에 담긴 의미를 인지하기 위함이다. 스스로 물어보자. 나는 글자를 읽을 때 글자 자체를 읽는가? 아니면 글자 속 의미를 읽는가?

지금껏 나는 어떻게 글자를 읽어 왔는가?

아래 나열된 단어를 읽어보자.

사자, 자동차, 배, 비행기, 집, 고양이, 나무

당신은 어떤 방법으로 단어를 읽었는가? 아래 세 문항 가운데 선택해보자.

〈유형 1의 방법〉 겉으로 소리를 내지는 않았지만, 속으로 '사자', '자동차'라고 발음하며 읽었다.
〈유형 2의 방법〉 눈으로 글자를 쓱 읽었다.
〈유형 3의 방법〉 글자를 읽으면서 그 의미가 머릿속에 자동으로 떠올랐다.('사자'를 눈으로 읽자 머릿속에 '어흥'하는 사자 모습이 그려졌다.)

유형 1의 방법으로 읽었다면, 당신은 음성적 읽기에 치중해 글을 읽는 유형이다. 이를 속 발음 읽기 또는 음성석 읽기라 하는데, 입으로 또는 마음속으로 소리 내어 읽는 방법을 말한다. 그런데 속으로 발음하며 글을 읽으면 독해하는 데에 시간이 오래 걸릴 수밖에 없다. 단어를 눈으로 보고, 그다음 음절을 일일이 발음해 귀로 듣는 과정을 거친 후에야, 글의 의미를 이해하기 때문이다. 게다가 음절 읽기에 상당한 에너지를 쏟느라 정작 의미를 이해하는 데에 집중하지 못한다. 이런 유형의 글 읽기로는 문해력의 한계에 봉착할 수밖에 없다.

유형 2의 방법으로 읽었다면, 당신은 글을 읽고 난 후 내용을 제대로 이해하거나 기억하지 못하는 유형이다. 글자의 겉모양을 눈으로만 보았을 뿐, 글자를 머릿속에서 '의미화'하는 단계에 이르지 못했다. 그러하기에 문장을 반복해서 읽거나 읽은 글을 다시 되짚어 보는 빈도가 잦다. 다 읽어도 머릿속에 백지만 남는다.

유형 3의 방법으로 읽었다면, 당신은 글자가 껍데기임을 알고 의미화하는 과정을 단번에 처리하며 읽는 유형이다. 여기서 의미화란 글자가 뜻하는 바를 이미지로 떠올리며 상상하거나, 직관으로 파악하는 사고 작용을 말한다. 유형 3의 방법으로 읽는 사람은 글의 의미를 정확하게 이해할 뿐만 아니라 오래 기억할 수 있다. 그 이유는 글의 의미가 머릿속에 선명하게 각인되어 두뇌의 장기 기억 장치에 저장되기 때문이다. 예를 들어, 우리는 어릴 때 '자동차'라는 단어를 제대로 익혔기에 그 의미가 뇌 속에 각인되어 있다. 즉 '자동차'라는 글자를 보았을 때 머릿속에 자동차의 형태가 떠오르는 의미화가 바로 일어난다. 이뿐만 아니라 유형 3의 방법으로 읽는 사람은 독해 속도가 비교적 빠른 편이다. 글자를 읽을 때, 입으로 읊조리고 귀로 듣는 과정 없이 두뇌에서 바로 의미화 과정을 거치기 때문이다.

열에 아홉은 유형 1 또는 유형 2처럼 잘못된 방법으로 글을 읽는다. 글자는 의미를 전달하기 위한 도구일 뿐이고, 음성 역시 입과 귀를 통해 의미를 전달하기 위한 도구일 뿐이다. 그런데 대부분은 글자라는 도구를 이해하기 위해 음성이라는 도구를 또 꺼내어 속으로 발음하며 읽는다. 얼마나 부질없고 소모적인가. 그 목적이 의미를 이해하기 위한 것인데, 우리는 글자와 음성에 치중해 본말을 전도하고 있다. '사과 껍질이 붉네, 파랗네.' 하며 신경 쓰느라 막상 사과를 입에 넣었을 때는 그 맛을 전혀 음미하지 못하는 것과 같다.

단언컨대 유형 3의 방법으로 글을 읽는 사람은 극소수다. 열에 한 명 있을까 말까 한 정도다. 부모에게 뛰어난 유전자를 물려받는 영재, 또는 나와 같이 각성 후 노력으로 독해력을 향상한 '후천적 문해인'만이 유형 3의 방법으로 글을 읽을 수 있다. 대다수는 '한국인이니까 한국어를 읽을 수 있겠지.' 하는 안일함에 빠져 유형 1, 유형 2로 읽으니 문해력 향상은 요원할 수밖에. 책을 읽을 때마다, 시험지 지문을 풀 때마다 시간이 부족하다고 호소한다면 읽는 방법부터 돌이켜보자.

| 글자는 껍데기에 불과하다.

저항 시인 신동엽은 〈껍데기는 가라〉에서 강한 어조로 외친다.

껍데기는 가라
껍데기는 가라

4월의 알맹이만 남고 껍데기는 가라

글자를 눈으로 훑고 속으로 발음하는 우리는, 잘못된 독해에 익숙해진 우리는 시인의 말대로 크게 외치며 각성해야 한다. 눈에 보이는 껍데기인 글자를 벗기고, 그 속에 담긴 알맹이인 의미를 읽어야 한다. 만약 이러한 깨달음이 일어나지 않는다면, 이 글을 읽고도 머리를 망치로 한 대 맞은 듯한 충격이 없다면, 변해야겠다는 전율이 뼛속까지 일어나지 않는다면, 아무리 문해력을 높이려 책을 읽고 어떠한 노력을 한들 소용없다.

문해력을 높인다는 것은 책을 많이 읽거나 단순히 읽는 법을 바꾸는 걸 의미하지 않는다. 우리가 글자를 대하는 마음가짐의 대전환이다. 코페르니쿠스가 태양이 지구를 돈다는 중세 시대 우주관을 뒤집고, 지동설을 주장한 것처럼 사고의 대전환을 일으키는 일이다. 문해력을 높이고자 한다면, 우리는 먼저 각성부터 해야 한다. 글자는 껍데기일 뿐이며, 의미는 그 속에 담긴 알맹이라는 사실을 받아들이자. 그래야 껍데기 속 알맹이를 채취하는, 진정한 문해력을 향상하는 방법으로 나아갈 수 있다.

껍데기는 가라
껍데기는 가라
의미인 알맹이만 남고 껍데기는 가라

그렇다면 글을 어떻게 읽어야 할 것인가?

나는 당신을 사랑합니다.

I love you.

Je t'aime.

이 글자를 보면 무엇이 떠오르는가? 하트 모양, 달궈진 마음, 연인. 무엇이든 좋다. 한국어, 영어, 불어 다 다른 언어로 쓰였지만, 이 글이 전달하는 의미는 동일하다. 읽기란 언어를 불문하고 글 속에 담긴 내용을 머릿속에 의미화하는 과정이다.

의미화란 글자라는 껍데기를 벗기고, 그 속에 담긴 알맹이인 의미를 이해하는 사고 작용을 말한다. 즉, 글을 이해한다(understand)는 글자라는 껍데기 아래에(under) 서서(stand) 글의 밑바닥까지 내려가 의미를 파악한다는 뜻이다.

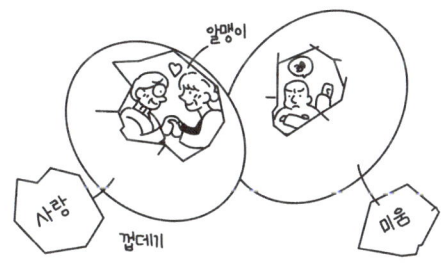

문해력을 높이려면 어휘력이 중요하다고들 한다. 과연 사실일까?

아래 구절을 읽어보자.

모든 일에는 때가 있다.

날[1] 때가 있고 죽을[2] 때가 있으며, 심을[3] 때가 있고 뽑을[4] 때가 있다.

죽일[5] 때가 있고 치료[6]할 때가 있으며, 헐[7] 때가 있고 세울[8] 때가 있다.

웃을[9] 때가 있고 슬퍼할[10] 때가 있으며, 찾을[11] 때가 있고 잃을[12] 때가 있다.

사랑할[13] 때가 있고 미워할[14] 때가 있으며, 평화를 누릴[15] 때가 있는가 하면 전쟁을 할[16] 때도 있다.

이 글을 읽고 몇 개의 의미가 머릿속에 남았는가? 위 다섯 문장에는 열여섯 개의 단어적 의미가 담겨 있다. 열 개를 넘지 못했다면 글을 제대로 읽지 못했음을 받아들여야 한다. 흔히 독해가 어려운 것은 어휘력 부족 때문이라고 생각한다. 어휘력 책을 독파하며 독해력을 높이려 하지만 이는 잘못된 방법이다. 독해가 어려운 진짜 이유는 껍데기를 읽으려 하기 때문이다.

위의 글을 살펴보면 초등학생이 이해할 만한 쉬운 단어로 이루어져 있다. 문장 구조도 간단하다. 그런데도 읽은 후 글의 의미를 선명하게 기억하지 못한다면, 이는 어휘력이나 문장 구조 파악의 문제가 아니라 읽는 방법의 문제임을 인정해야 한다.

제대로 된 읽기의 시작은 각성에서 출발한다. '글자는 껍데기'라는 각성을 통해 이제 글의 의미를 이해하는 일련의 방법을 훈련해보자.

독(讀)의 문해법 1 _ 의미화
: 글자 읽기 vs 글자 속 의미 읽기

우리는 왜 글을 읽을까? 왜 신문을 구독하고 책을 읽을까? 읽기란 글자를 통해 세상을 보는 행위이다. 미국 증시가 어떠한지 뉴욕증권거래소까지 가서 확인할 필요 없이 경제 뉴스를 읽는다. 소설《파친코》를 읽고 일제 강점기 때로 돌아가 재일 교포가 겪은 멸시와 차별의 세상을 경험한다.

읽기를 통해 세상을 보려면 글자를 의미화하는 과정을 거쳐야 한다. <u>의미화란 글자라는 껍데기를 벗기고, 그 속에 담긴 알맹이인 의미를 이해하는 사고 작용을 말한다. 즉, 글을 읽는다는 것은 글자가 아니라 글자가 보여주는 세상을 읽는 것이다.</u>

글의 의미화 과정은 〈형상화 –영상화– 직관화〉 단계를 거친다. 간단한 예로 액화천연가스에 대한 글을 통해 의미화 과정을 살펴보자.

> 액화천연가스의 주성분은 메탄으로 지하에서 기체 상태로 옮겨 다닌다. 이를 액화시키기 위해 46기압 이상 압력에서 냉각해야 힌다.

글의 의미화는 내용을 상상하며 이미지로 떠올리는 데에서 출발한다. 첫 번째 문장 '액화천연가스의 주성분은 메탄으로 지하에서 기체 상태로 옮겨 다닌다.'를 읽으면서 메탄, 눈에 보이지 않는 기체가 깊은 땅속 암벽 사이를 떠다니는 모습을 그린다.

두 번째 문장 '이를 액화시키기 위해 46기압 이상 압력에서 냉각해야 한다.'를 보자. 액화는 어떠한 물질이 액체가 되는 현상을 일컫는다. 46기압이 어느 정도의 압력인지 모르나, 공기 중에 떠다니는 메탄을 눌러 물방울처럼 압축시키기에 충분한 압력인 듯하다. 이 문장을 읽고 메탄이 눌려 물방울로 바뀌는 그림을 떠올린다. 이처럼 내용을 상상하며 이미지로 떠올리면 그 의미가 선명하게 이해된다.

상상하며 글을 읽을수록 이미지가 머릿속에서 이어진다. 단어에서 문장으로, 문장에서 단락으로 글이 전개되면서 머릿속에 한 편의 영상이 펼쳐진다. 이를 영상화 단계라 한다.

글의 의미화를 몸소 익히면, 의미를 정확히 파악하는 것은 물론 읽는 속도도 빨라지면서 문해력이 눈에 띄게 향상된다. 의미화의 최종 단계에서는 단어나 문장을 일일이 형상화, 영상화하지 않고도 글의 의미를 단번에 파악하는 감각이 트인다. 이를 직관화 단계라 한다.

읽는 방식의 측면에서 의미화는 입으로 또는 마음속으로 읽는 방법과 대척점에 있다. 의미화는 속 발음 읽기를 없애는 유일한 방법이다. 즉, 음성적 읽기를 없애려면 글의 의미화를 체득하는 독해 훈련이 필수다. 이제 진정한 문해를 위한 첫 번째 단계, 글의 의미화를 익혀보자. 글자 속으로 들어가 단어- 문장- 단락- 글의 순서로 의미화하는 방법을 알아보자.

독(讀)의 문해법 2 _ 단어 읽기
: 문해는 단어의 형상화에서 시작된다

의미화는 의미의 최소 단위인 '단어'에서 시작한다. 쉬운 단어부터 하나씩 연습해보자. 훈련을 지속하다 보면, 글자를 자동으로 발음하는 습관이 차차 줄고 의미를 이미지로, 영상으로, 직관으로 읽는 능력이 길러진다.

물론 새로운 방법을 체득하는 과정에서 노력이 드는 건 당연하다.

"이미지를 연상하면서 읽으니 시간도 오래 걸리고 힘이 드네요. 이미지로 떠올릴 수 없는 단어가 많은 것 같아요. 빠르게 읽고 싶은데 굳이 이렇게까지 해야 하나요?"

속 발음 읽기에서 의미적 읽기로, 읽기의 대척점을 건너려니 적응하는 데에 시간이 걸릴 수밖에 없다. 천 리 길도 한 걸음부터. 인내와 끈기가 반이다. 잘못된 읽기 습관에 종속됐음을 각성했다면, 훈련하는 이유가 머릿속에 명확하다면, 꾸준한 연습을 통해 불편을 익숙함으로 바꿔보자. 읽는 방식을 바꾸는 것은 독해 효능을 높이는 것은 물론 내가 그러했듯 '나'를 바꾸고 삶을 바꾸는 인생 대전환 작업이다.

의미의 형상화는 생각보다 쉽다. 대부분 사과, 컴퓨터, 자동차처럼 눈에 또렷이 보이는 사물의 단어를 읽을 때는 그 의미를 단박에 이미지로 떠올린다. 반면 민주주의, 군주제 같은 추상적 관념어를 형상화하는 것은 어렵게 느껴질 수 있다. 그러나 의미화는 단어의 의미를 나의 지식 안에서 떠올리면 충분하기에 누구나 할 수 있다. 예를 들어, '민주주의'를 초등학생이 형상화한다면, 엄마 손잡고 동사무소에 가서 주민등록증을 발급받는 모습을 상상할 수 있다. 중, 고등학생이라면 노예 제도를 폐지한 링컨이나 삼권 분립의 모양을 떠올린다. 단어의 형상화를 쉽게 이해하기 위해 구체적인 방법을 살펴보도록 하자.

| 유형(有形) 명사는 사물의 형태를 머릿속에 떠올리며 의미화한다

명사를 의미화한다는 것은 사물의 형태를 떠올리는 행위이다. '흙'을 읽을 때 진흙이든, 바위가 잘게 부서진 가루 덩어리든 머릿속에 하나의 선명한 상(狀)이 맺힌다면, '흙'이라는 글자 껍데기에서 의미를 채취한 것이다. 예를 들어, '사람'이라는 단어의 의미를 이미지로 연상해보자. 기본적으로 머리와 몸통, 팔과 다리를 지닌 인간의 형체가 머릿속에 떠오르기 마련이다. 구체적으로 졸라맨, 레오나르도 다빈치의 인체 비례도, 그냥 서 있는 사람 등을 연상할 수 있다. 의미화에 있어 정답은 없다. '사람'이라는 단어를 어떤 형태로든 떠올리면 충분하다. 아래 단어를 읽고 의미를 머릿속에 이미지로 떠올려보자.

사람

장미

숲

사자

지하철

고등어   수박

간판   가로등

하늘   원숭이

국기   주차장

노인   아나운서

가위   책상

도서관   신호등

두루미   영화관

비닐하우스   실험실

비누   석탄

| 동작 동사는 신체 움직임을 느끼며 상상한다

　삶은 움직임이다. 우리는 일상에서 먹고, 일하고, 자고, 웃고, 말한다. 동작 동사는 사물이나 신체가 움직이는 행위를 나타내며, 온몸으로 익힌 단어이기에 의미를 상상하기 쉽다. 또는 기억 속 영화나 드라마 장면을 불쑥 떠올리며 의미를 연상할 수도 있다.

　'달리다'는 뛰면서 가거나 오는 행위를 일컫는다. 동사 '달리다'를 상상하면 팔과 다리를 움직이는 동작이 떠오른다. 의미화를 제대로 한다면, 심장이 박동하고 배경이 바람처럼 지나가는 박진감까지 느껴진다.

더 나아가 '달리다'와 유사한 의미를 지닌 단어 '내달리다'를 상상해보자. 어떤 이미지가 떠오르는가? '내달리다'는 힘차게 달린다는 뜻이다. '내달리다'를 '달리다'와 같은 의미로 상상해도 충분하다. 그러나 언어적 상상력을 발휘해 조금 더 나아간다면, 더 긴급하거나 절박한 상황에서 뛴다고 연상할 수 있다. 예를 들면, 명령이 떨어지자 병사들이 적진을 향하여 죽기 살기로 내달리는 모습. 갈기를 휘날리며 드넓은 들판을 내달리는 말을 떠올릴 수 있다. 이처럼 의미를 정확하게 이해할수록, 행동하는 주체의 상황이나 감정 상태까지 파악할 수 있다. 아래 동사를 이미지로 떠올려 보자.

달리다

내달리다

집다

간청하다

먹다

읽다

요리하다

헤엄치다

허우적대다

노래하다

우물거리다

강타하다

씹다

자다

운전하다

때리다

걷다

흐느끼다

울다

상의하다

재잘대다

지껄이다

용쓰다

매달리다

| 감정적 단어는 마음으로 공감하며 읽는다

감정은 어떤 현상이나 일에 대해 일어나는 마음, 느끼는 기분이다. 감정은 겉으로 뚜렷하게 드러나지 않지만, 감정의 단어를 의미화하려면 우선 장면부터 떠올려본다. '슬픔' 하면 어떤 이미지가 떠오르는가? 울음 그득한 얼굴, 눈물 방울이 그려진다. '분노'는 어떤가? 얼굴빛 따위가 붉으락푸르락 변하는 모습, 두 팔로 가슴 부위를 치는 모습을 떠올릴 수도 있다. 더 쉽게 의미화하려면 공감을 통해 언어적 직관을 키워보자. 공감은 이해하려는 마음에서 비롯된다. 상대가 처한 상황 속으로 내가 들어가면 가슴이 저릿해지면서 그의 마음을 헤아리게 된다.

한 가지 예를 들어본다. '시원섭섭하다'는 답답한 마음이 풀리어 흐뭇하고 가뿐하나 다른 한편으로는 섭섭한 상태를 말한다. 단어의 의미를 곱씹으며 시원섭섭한 상황을 장면으로 상상해보자. 딸의 결혼을 지켜보는 엄마. 졸업식을 마치고 교정을 걸어 나오는 고등학생. 이런 장면을 떠올리면 충분하다. 더 나아가 마음이 먹먹하고 코끝이 시큰하다면 의미에 공감한 것이다. 이제 아래 단어를 연습해보자.

그리워하다   반갑다

기쁘다   슬프다

얄밉다	고맙다
서운하다	즐겁다
후련하다	설레다
불안하다	절망하다
짜릿하다	분노하다
허전하다	쓸쓸하다
질투하다	절망하다
사랑하다	증오하다

개념을 품은 추상적 단어는 한 컷의 장면으로 구체화한다

"이 추상화는 무엇을 그렸는지 모르겠어."
"설명이 추상적이라 이해하기 어렵네."
일상에서 '추상적'이라는 표현은 주로 '명확하지 않다', '애매모

호하다'라는 뜻으로 통한다. 추상적 단어는 형태가 없는 개념을 품고 있어 형상화가 어렵다고 생각하지만 그렇지 않다. 한자어 추상(抽象)은 '뺄 추', '형상 상'으로 여러 현상에서 공통된 형상을 추출했다는 의미이다. 즉, 추상은 본래 공통된 형상에서 왔다.

'평화'를 예로 들어보자. '평화'가 의미하는 공통된 형상은 무엇일까? 일체의 갈등이나 전쟁, 분쟁이 없는 상태를 어렴풋이 떠올릴 수 있다. 평화를 머릿속에 그린다면 어떤 모습일까? 독일의 베를린 장벽이 무너지는 장면, 또는 소들이 낮잠을 자는 초원을 떠올릴 수 있다. '집 안의 평화' 하면 어떤 장면이 떠오르는가? 가족이 모여 식사하거나 웃는, 단란한 가정의 모습이 연상된다. '평화'의 공통된 형상, 속성을 알기에 형상화가 어렵지 않다.

추상적 단어를 제대로 이해한다면 단어에 담긴, 추출된 속성(의미)을 구체적인 장면으로 되돌릴 수 있다. 아래 단어를 읽고 의미를 머릿속에 이미지로 그려보자.

경매

"고금리 부담에 빚을 갚지 못해 경매로 넘어가는 주택이 급증하고 있다." 부동산 관련 뉴스에서 '경매'라는 단어를 자주 접한다. 문맥을 통해 단어의 뜻을 어림잡았지만, 평소 사용하지 않는 단어라 정확한 의미를 알지 못할 수 있다. 사전에 찾아보면 경매의 뜻은 다음과 같다. '권리자의 신청에 의해 법원 또는 집행관이 동산이나 부동산을 구두의 방법으로 경쟁하여 파는 일. 이를 하나의 구체적 장면으로 머릿속에 그려보자.

서자(庶子)

홍길동은 서자로 태어났다. 서자는 양반과 양민 여성 사이에서 낳은 아들이다. 서자 신분을 한 컷의 장면에 어떻게 담을 수 있을까? 나는 비단옷을 차려입 은 맏형 옆에 누더기옷을 입고 우는 서자를 떠올렸다. 이 과정에서 나는 '서자'를 사전적 의미와 더불어 차별과 서러움을 먹고 사는 대상으로 인식했음을 알 수 있다.

신탁(信託)

사전적 정의 '일정한 목적에 따라 재산의 관리와 처분을 남에게 맡기는 일'를 참고해 상상해보자.

민주주의

정의(正義)

식민지	입헌주의
체포	해방
의약분업	분쟁
낙찰	절차
군주제	협동
조화	위계
협상	오염
가부장제	평등
대중교통	질서

의태어, 문장에 생기를 부여하며 읽는다

의태어는 사람이나 사물의 모양이나 움직임을 흉내 낸 말이다. '터덜터덜' 걸어가는 뒷모습은 몹시 측은해 보인다. 상상하자면, 어깨를 축 늘어뜨리고 무거운 발걸음으로 컴컴한 밤거리를 걷는 모습이 떠오른다. 반면 '건들건들' 걷는 모습을 보면 바람에 깃발이 흔들리듯 몸을 이리저리 가볍게, 크게 흔들며 걷는 모양새다. 기분이 좋은 건지, 술에 취한 건지 몰라도 진중해보이지 않는 모양새다. 사물의 모양을 나타내는 의태어의 의미를 상상하면, 읽을 때 단어에서 감칠맛이 난다. 김치찌개를 만들 때는 파를 '송송' 썰어 넣고, 국물을 '보글보글' 끓여야 제맛이다. 거기에 '쫄깃쫄깃' 씹히는 라면 사리를 더하면 부대찌개가 된다.

터덜터덜

건들건들

보글보글

아래 의태어의 의미를 장면으로 상상하며 읽어보자.

깡충깡충	냠냠
바둥바둥	반짝반짝
보들보들	부들부들
싱글벙글	파닥파닥
폭신폭신	야금야금
휘청휘청	보송보송
물컹물컹	쩍쩍
들쑥날쑥	야금야금
치렁치렁	추적추적
씰룩씰룩	데굴데굴

단어의 뜻을 형상화하는 것은 의미를 인지하기 위한 가장 쉽고 유용한 방법일 뿐이다. 즉, 형상화 자체가 독해 훈련의 궁극적인 목적은 아니라는 뜻이다. 의미의 형상화가 충분히 숙달되면, 어느 순간부터는 이미지를 떠올리지 않고도 글자의 의미를 직관적으로 파악할 수 있게 된다.

지금까지의 훈련을 통해 글자라는 껍데기를 벗기고 그 속에 담긴 의미를 채취하는 감각이 생겼다면, 진정한 독해를 위한 첫걸음을 막 뗀 셈이다. 이제부터는 단어의 의미화를 습관화하여 익숙해질 때까지 반복해보자. 책을 읽고 공부하는 순간만이 아니라 일상에서 글자를 마주할 때마다 의미를 채취해보자. 현관에 도착한 택배 상자를 뜯으면서, 음식점 메뉴판을 보면서. 의미화가 일상이 된다는 건 글자와 나 사이의 잘못된 관계를 복원하는 작업이다. 건강하게 지속할 수 있어야 좋은 관계다. 후천적 문해인이여, 모든 관계가 그러하듯 글자와의 관계도 시작보다 유지가 중요함을 잊지 말자.

독(讀)의 문해법 3 _ 추상어
: 눈에 보이지 않는 단어는 어떻게 의미화하는가

단어를 형상으로 떠올리는 연습을 하다 보면 막힐 때가 있다.
"글자의 의미를 느끼고 이미지로 떠올리며 이해하는 게 문해라고 하셨잖아요. 그런데 '공기'라는 단어는 어떻게 이미지로 떠올리나요?"

눈에 보이지 않는 단어를 어떻게 이미지로 연상하냐는 질문을 받으면 나는 되묻는다.

"공기는 눈으로 볼 수 없지요. 그런데 공기가 있다는 걸 어떻게 아나요?"

이른 봄 아침이면 창문 사이로 들어오는 싸늘한 공기가 뺨을 찰싹 때린다. 복잡한 도시를 벗어나 맑은 공기를 마시면 마음이 한결 가뿐하다. 공기를 체험했기에 '공기'라는 단어가 의미하는 바를 안다. 사람은 감각 기관을 통해 대상을 인식한다. 보고, 냄새 맡고, 듣고, 맛보고, 손으로 만지면서 세상을 체험한다. <u>이때 떠오르는 찰나의 생각이나 느낌을 붙잡아 활자화된 세계에 구현하면 글이 된다.</u>

<u>조례가 끝나자 불온한 공기가 감돌기 시작했다.</u>

<u>보일러에 가스 분석기를 설치해 적정 공기 비율로 운전하도록 한다.</u>

<u>때늦은 가을 태풍이 아슬아슬하게 비켜 간 한반도에는 차가운 대륙성 공기가 밀려들어 19일 새벽 설악산에 첫얼음이 얼었다.</u>

글은 감각 기관을 통한 인식을 표현한 것으로, 글을 정확히 이해하

려면 다시 감각을 동원하지 않을 수 없다. 첫 번째 문장에서 '불온한 공기'가 의미하는 바를 실감하는 건 쉽다. 학교나 군대에서 조례란 행렬을 맞추어 차렷하면서 주의나 지시 사항 따위를 듣는, '딱딱한' 시간이 아닌가. '불온한 공기'를 읽는 순간 교관의 매서운 눈초리가 보이고, 어디선가 호루라기 소리가 들리는 듯하다. 정신이 아찔하고 머리털이 서는 것 같다. 살면서 '불온한 공기'를 몸소 경험했기에 문장 속 단어가 의미하는 바를 이해할 수 있다.

두 번째 문장은 어떠한가? 가스보일러의 작동 원리를 몰라도, 이 문장을 이해하는 건 어렵지 않다. '보일러가 정상 작동하려면, 적정량의 공기 비율이 필요한가 보다.' 인지하면 그만이다. 보일러를 봤거나, 보일러가 '웽'하는 소리를 들었다면, 혹은 '여보, 아버님 댁에 보일러 놓아드려야겠어요.' 하는 옛 TV 광고를 봤다면. 일상에서 보일러를 어떤 식으로든 체험했다면 이 문장을 이해할 수 있다.

마지막 문장은 일기예보의 한 장면을 연상케 한다. 문장을 읽는 순간 머릿속 TV 브라운관에 한반도 지형이 펼쳐져 있다. '차가운 대륙성 공기'라는 대목에서 러시아와 중국에서부터 한반도 쪽으로 거대한 찬바람이 화살표 여러 개와 함께 몰려오는 모습이 그려진다. 매일 밤 뉴스가 끝나갈 무렵, 일기예보를 숱하게 봐왔기에 대륙성 공기에 대한 사전적 지식 없이도 문장을 이해할 수 있다.

앞의 예시에서 알 수 있듯, 일상에서 공기를 체험했다면 그 감각은 뇌에 기억되어 있다가 글 속에서 '공기'라는 단어를 접하는 순간 되살아난다. 이러한 언어적 직감은 글을 이해하는 데에 필수적이며, 언어적 직감력을 키우기 위한 가장 쉬운 방법이 단어의 형상화이다.

눈에 보이지 않는 단어를 직감적으로 느끼고 이해했다면 제대로 읽는 것이다. 그러나 읽는 이 가운데 십중팔구는 직감력이 퇴화한, 둔한 상태로 글자를 접한다. '나는 그를 사랑한다.'는 문장을 대충 눈으로 훑거나 건너뛰고 다음 문장으로 넘어간다. 후천적 문해인이 문해력을 높이려면 언어적 직감력부터 길러야 하며, 그 과정에서 단어의 형상화는 기초 훈련에 해당한다. '사랑한다'는 표현에서 하트 모양이나 사랑하는 이의 얼굴을 떠올릴 수 있다. 이러한 형상화에 익숙해지면 어느 순간부터 글자가 의미로 다가온다. '사랑한다'는 단어 하나에 가슴이 저릿하거나 아리기 시작한다.

헬렌켈러는 그녀의 저서《3일 동안 볼 수 있다면》에서 말했다.

몸이 천 냥이라면 눈(eye)이 구백 냥이다.

눈은 일상생활에서 가장 높은 비중을 차지하는 신체 감각 기관이다. 오감 가운데 가장 활성화되는 건 시각이다. 따라서 인간을 자극하는 가장 강력한 감각, 시각을 통해 글을 의미화하면 문해가 수월하기에 단어의 형상화를 훈련하는 것이다. 지속적 연습을 통해 이러한 의미화가 익숙해지면, 글을 읽을 때 어떤 감각을 동원하든 상관없다.

단어를 이미지로 떠올리는 것은 궁극적으로, 단어를 내가 인지한 감각으로 이해하기 위함이다. 간단한 예를 들어본다.

첫사랑, 인공 지능, 인간애

'첫사랑'이라는 단어를 형상화한다면 특정 인물이 떠오르기도 하고, 그러다 당시의 설렘과 몽글몽글함이 느껴지기도 한다. '인공 지능'과 '인간애'는 어떠한가? 나에게 '인공 지능'은 로봇과 친구처럼 대화하는 모습이며, 불우 이웃을 돕는 이에게서 '인간애'의 의미를 배운다. 책뿐만이 아니라 누군가를 만나면서, 거리를 걸으면서, 영화를 보면서 마주하는 삶의 순간들을 온몸으로 감각하자. 그것이 언어와 연결되어 내 안에 어떠한 이미지로 축적된다면, 문해를 하는 데 강력한 무기가 될 것이다.

독(讀)의 문해법 4 _ 문장 읽기
: 문장은 단어들이 모인 하나의 '짤'이다

단어는 한 조각(a piece)의 의미이며, 단어를 퍼즐 맞추듯이 질서정연하게 연결하면 문장이 된다. 예를 들어본다.

오전, 선생님, 교탁, 서다, 수학, 가르치다

위의 단어들을 일정한 순서로 나열하면 '오전에 선생님은 교탁 앞에 서서 수학을 가르쳤다.' 는 문장이 된다. 문장은 의미적 연결이며,

문장 속에는 현상이나 사건이 흐른다.

이제 단어의 의미화를 거쳐 문장의 의미화에 대해 알아보자. 단어가 한 장의 그림이라면, 문장은 여러 그림이 연결된, 소위 '짤'이라 일컫는 짧은 영상에 비유할 수 있다.

휴대 전화로 '짤'을 보다 보면, 어느새 시간이 저만치 달려가 있다. '짤'은 간결하고 선명해 시선을 사로잡는다. 지루할 틈 없이 다음 '짤'을 기대하게 만든다. 문장을 '짤'처럼 읽으면 어떨까? 단어의 나열이 아니라 일련의 이미지로. 짧은 영상으로. 문장이 뜻하는 바를 머릿속에 장면으로 그리면, 그 의미가 이해하기 쉽게 와닿을 뿐 아니라 오래 기억될 수 있다.

| 주어, 목적어, 서술어를 완벽히 상상하며 읽어라

문장의 의미화를 위해서는 문장의 질서부터 파악할 필요가 있다. 문장 속에는 주체가 등장해 어디에서 무엇을 어떤 방법으로 행한다. 이를 머릿속에 간명한 '짤'로 만들려면, 문장의 기본 구조를 이해해야 한다. 국어학자처럼 문장을 샅샅이 분석하고 구조를 파헤칠 필요는 없다. 다만 모국어라는 이유로 국어를 쉽게 보고 경원시하지는 말자. 중학교 때 관계절 운운하며 익힌 기초 영문법의 수준과 비등하리만치 한국어의 문장을 들여다보고 그 구조를 이해해야 한다. 우선 문장의 성분을 주어, 목적어, 부사(구), 서술어로 나누어 읽어보자. 그리고 조금 더 나아가 한 문장이 다른 문장을 품었다면 주절과 종속절로 구분해본다. 문장과 문장이 어깨를 나란히 한다면, '두 개의 대등한 절이 있구나.' 하며 읽는다. 아래 문장을 예로 살펴보자.

　　나는/ 동네에서 가장 가까운 농구장을 향해 /누구보다 빨리 달려갔다.

이 문장은 주어와 부사구, 서술어로 이루어졌다. <u>주어는 주인공이며, 서술어는 주인공의 움직임이다. 부사는 주인공의 움직임을 구체적으로 나타낸다.</u> 먼저 주어 '나는'에서 주인공이 등장한다. 주어는 문장의 우두머리로서 문장을 세우고 이끈다. 그 다음 부사구로 넘어가면 '나' 근처에 동네 농구장이 나타난다. 이어서 서술어를 읽자 주인공이 움직이기 시작한다.

　　나는 → 동네에서 가장 가까운 농구장을 향해 → 누구보다 빨리 달려갔다.

| 한 문장을 읽더라도 의미 단위로 완벽히 상상하며 읽는다

부사 하나에 따라 문장이 풍기는 정서는 확연히 달라진다. 부사 하나를 건성으로 읽으면 글의 핵심 정서나 암시적 상황을 놓치게 된다. 아래 문장을 살펴보자.

나는 옆 사람을 보며 누구보다 (해맑게 / 음흉하게 / 의뭉스럽게) 웃었다.

위 문장에서 해맑게 웃는지, 음흉하게 웃는지에 따라 로맨스나 공포 아니면 추리물 등 머릿속 영상의 장르가 달라진다. 정확한 의미화를 위해서는 문장을 의미 단위인 주어, 목적어, 서술어 등으로 쪼개어 영상으로 떠올려야 한다. 이 과정이 반복되면 문장의 체계를 생각하지 않아도 자연스럽게 문장이 짤로 움직이는 의미화 단계에 이르게 될 것이다.

| 다양한 문장 구조를 파악하며 의미화해보자.

과거는/지나가 버렸기 때문에/ 역사가가/ 과거의 사실과 직접 만나는 것은/ 불가능하다.

문장을 읽을 때는 무엇보다 주어를 파악하는 게 중요하다. 주어는 문장 전체를 끌고 간다. 위 문장에서 주어를 '과거는'으로 읽으면, 이어지는 글의 흐름을 제대로 따라가지 못한다. 이 글에서 주어는 무엇일까? '역사가가 과거의 사실과 직접 만나는 것은'이다. 여기서 '역사가'를 의미상의 주체로 인식하면, '아, 주체가 역사가이구나. 다음 문장에서는 역사 또는 역사가에 대해 설명하겠구나.' 하며 글이 흘러가는 방향을 파악할 수 있다. 이처럼 의미상의 주체를 떠올리면 구조가 복잡한 문장도 간단하게 의미화하며 이해할 수 있다. 위 문장을 의미 단위로 나누어 읽으면서 머릿속에 장면으로 떠올려 보자.

과거는/

지나가 버렸기 때문에

역사가가

---

3 이 문장은 종속절과 주절로 나뉜다. 종속절은 '과거는 지나가 버렸기 때문에'이며 주절은 '역사가가~'이다. 이러한 형태의 문장은 주절의 주어부터 찾아야 의미화가 수월하다. 문법적으로 본다면, 이 문장에서 주절의 주어는 '역사가가 과거의 사실과 직접 만나는 것'이다. 긴 주어는 한 번에 의미화하기 어렵기에 의미 단위로 잘게 쪼개어 읽는다. 주어 속에서 '역사가'는 의미적 주체로, 쉽고 정확한 의미화를 위해 주어를 의미 단위로 나누었다.

과거의 사실과 직접 만나는 것은

불가능하다.

탄수화물은 /사람을 비롯한 동물이 생존하는 데 있어서/ 필수적인 에너지원이다.

탄수화물은

사람을 비롯한 동물이 생존하는 데 있어서

필수적인 에너지원이다.

18세기에는/ 열의 실체가 칼로릭(carolic)이며/ 칼로릭은 온도가 높은 곳에서 낮은 쪽으로 흐르는 성질을 갖고 있는, 질량이 없는 입자들의 모임이라는 생각이/ 받아들여지고 있었다.

위 문장은 주어가 매우 길다. 그뿐만 아니라 주어가 수식어구를 안고 있어 매우 난이도가 높은 문장으로 단번에 의미화하기 어렵다. 그러나 문장의 구조를 파악하여 영상화한다면 쉽게 이해할 수 있다. 위 문장에서 주어는 '열의 실체가~ 모임이라는 생각이'이다. 부사구는 '18세기에는', 서술어는 '받아들여지고 있었다.'이다. 아래 문장을 의미 단위로 적절히 나뉘어 보자.

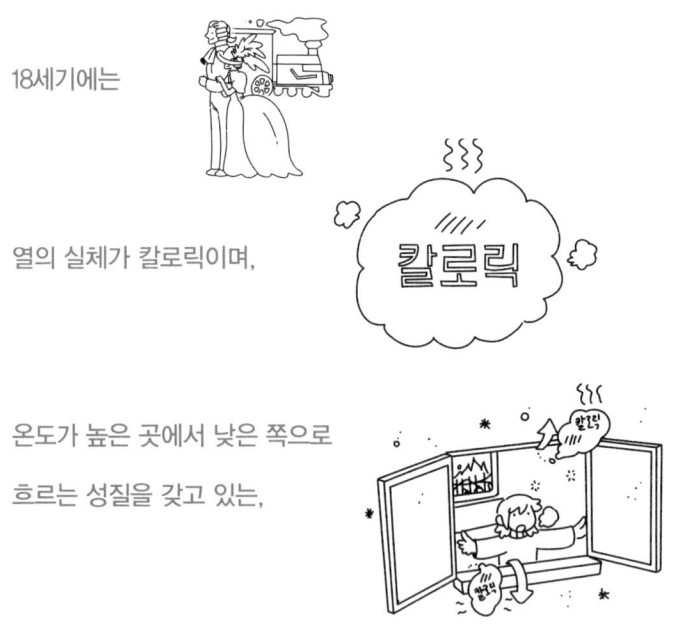

18세기에는

열의 실체가 칼로릭이며,

온도가 높은 곳에서 낮은 쪽으로 흐르는 성질을 갖고 있는,

질량이 없는 입자들의 모임이라는 생각이

받아들여지고 있었다.

문장의 의미화를 위해서는 문장을 주어, 목적어, 부사(구), 서술어로 쪼개어 읽으면서 머릿속에 이미지로 떠올린다. 읽으면서 한 편의 '짤'을 머릿속에 재생했다면 제대로 의미화한 것이다.

문장 부호

문장 속에서 말하는 이는 문장 부호 하나에 어조와 표정을 담는다. 아래 문장을 살펴보자.

그 말은 사실이었다.
그 말이 사실인 거야?
그 말이 사실인 거야…?
그 말이 사실인 거야!

동일한 단어로 구성된 문장이라 할지라도 문장 부호에 따라 어조가 달라진다. 질문을 나타내거나 의심하거나 적절한 말을 찾지 못할 때는 물음표(?)로 맺는다. 말줄임표(…) 에는 머뭇거림이나 복잡한 심경을 담는다. 놀람이나 항의 등 강한 느낌을 담을 땐 느낌표(!)를 찍는다. 작가가 문장 부호를 괜히 붙였을 리 없다. 정확한 의미화를 위해서는 문장 부호 하나까지 놓치지 않는 섬세함, 예리함이 필요하다. 아래 문장을 '짤'처럼 영상화하며 상상해 보자.

침대에서 일어나 창문을 활짝 열었다.

아니 땐 굴뚝에 연기 날까.

그녀는 마흔의 나이에 술과 함께 아편을 삼키고 다음 날 죽은 채 발견됐다.

봄은 우리를 설레게 한다.

그는 뉴욕에서 재산과 예술 사이의 관계를 따져 보기도 한다.

여유롭지만 스스로 방만하지 않으며, 친절함 속에서도 공사를 구분하며 정확성을 견지하는 태도, 신사다움이란 바로 이런 게 아닐까.

민주주의는 대한민국의 헌법적 가치이며, 이는 오랜 시대를 거쳐 시민들이 이룩한 역사적 개념이다.

환경 관련 규제에, 지난해 요소수 사태까지 겪으면서 경유차에 대한 선호도는 급격히 떨어지고 있다.

미국 연방하원은 안보 우려를 이유로 틱톡을 미국 앱스토어에서 퇴출할 수 있도록 한 이른바 '틱톡 금지법안'을 찬성 352표, 반대 65표로 가결했습니다.

위 예시에는 일상적 사실을 비롯해 문학적 표현과 기사 정보 등 다양한 성격의 문장이 담겨 있다. 각 예문을 읽고 하나의 짧은 영상, '짤'이 머릿속에 재생되었다면 제대로 읽은 것이다.

독(讀)의 문해법 5 _ 접속사 읽기
: 다음을 예측하게 하는 접속사의 숨겨진 역할

언제부턴가 '긴 글 주의'라는 표현이 인터넷 방방곡곡 돌아다닌다. 긴 글을 조심하라는 뜻에는 장문에 대한 대중적 꺼림이 은근 깔려 있다. 각종 시험에서 긴 지문에 대한 두려움을 호소하는 수험생이 적지 않다.

"긴 지문을 읽을 때 막막해요. 시간은 부족하고 어떤 내용이 나올지 파악이 안 되니 두렵죠."

시험을 치를 때 주어진 시간 내에 이천 자 안팎의 지문을 여러 개 읽어야 하니 그 압박감은 이루 말할 수 없다. 긴 글을 꺼리는 건 서점을 찾는 일반 독자도 마찬가지여서 책의 두께가 갈수록 얇아지고 크기도 작아지는 추세다.

"벽돌 책은 지루해요. 안 그래도 바쁜데 읽을 시간도 없고 글 속에 파묻힌 느낌이에요."

두꺼운 책이 두렵거나 지겹다는 것은 무엇을 의미할까? 이는 긴 글의 흐름을 따라가며 읽지 못하는, 현대인의 독해력 한계를 드러낸다. 긴 글을 두려워하거나 꺼리는 건 글의 흐름이 하나씩 구슬 꿰듯 문장과 문장이 지루하게 나열되어 있다고 생각해서다. 글은 유기적이다. 의미가 조각조각 모여 연결된, 하나의 퍼즐에 가깝다. 조각의 형태나 문양을 단서 삼아 맞추어가는 퍼즐은 한번 시작하면 멈추기 어렵다. <u>글 역시 문장이 유기적으로 연결된 하나의 퍼즐로 보면 흥미로울 수 있다.</u>

글의 흐름을 읽는 방법에 대해 살펴보자. 글 속에서 문장은 하나의 주제나 결론을 향해 나아간다. 릴레이 경기하듯 문장 A에서 B로, B에서 C로 바통을 넘기며 일정한 질서로 흐른다. 즉, 한 문장에서 다음 문장으로 이어지면서 글은 흐른다. 글이 전개되면서 시간이나 사건이 흐르고 또는 개념이 흐른다. 따라서 글 읽기는 문장의 흐름을 읽는 것이다. 글 속 흐름을 파악하려면 읽는 사람은 문장과 문장 사이 바통을 정확히 이어받아야 한다. 달리 말하면 문장 A에서 B로 넘어갈 때 문장 사이의 바통, 즉 접속사의 역할을 이해해야 글의 흐름을 놓치지 않고 따라갈 수 있다.

접속사는 독해에서 약방의 감초 역할을 하나 초등교육에서부터 등한시되어 왔다. '접속사는 문장을 이어주는 역할을 한다'는 단순한 문법적 지식만 배웠을 뿐이다. 있어도 그만 없어도 그만, 문장 사이에 낀 들러리 정도로 하대당했다. 그러나 접속사는 실제 독해에서 지대한 역할을 한다. 접속사는 문장과 문장을 연결할 뿐만 아니라, 글의 나침반으로써 접속사 뒤에 따라오는 내용을 예측하도록 돕는다.

문해 영재들은 별도의 독해 교육 없이도 접속사를 길잡이 삼아 글을 읽을 줄 안다. 글 속에서 막막함을 느끼지 않는다. '문해 유전자'를 갖고 태어났기에 접속사의 중요성을 직감적으로 알며 글의 구조를 파악하는 데 능하다.

반면 나 같은 후천적 문해인은 인위적인 노력을 거쳐야 접속사를 통해 뒷 문장을 예측하고, 의미를 연결해 읽을 수 있다. 아무 생각 없이 물 흐르듯 읽는, 잘못된 독해 습관을 바로 잡기 위해서는 접속사를 예의주시하며 읽어야 한다.

접속사의 용도와 역할을 이해하기 위해 다음 예를 살펴보자.

나는 공부를 열심히 했다. 1) 그러나 ~~

2) 그래서 ~~~

3) 그리고 ~~~

위 예시를 통해 말하고자 하는 바는 접속사는 문장과 문장을 이어 줄 뿐만 아니라, 독해에 있어 다음 문장을 예측하도록 돕는 길잡이 역할을 한다는 것이다.

나는 공부를 열심히 했다. 1) (그러나) 시험에 떨어지고 말았다.

2) (그래서) 시험에 합격했다.

3) (그리고) 운동도 열심히 했다.

'그러나'라는 역접 접속사를 바통으로 이어받았다면, 뒤 문장을 읽지 않아도 앞 문장과 상반되는, 시험에 떨어졌다는 내용을 예측할 수 있다. 첫 문장 다음에 인과 접속사인 '그래서'가 나왔다면, 열심히 공부한 결과로서 시험에 합격했거나 성적이 올랐다는 내용을 예상할 수 있다. 마지막으로 나열 접속사 '그리고'가 나왔다면, 앞 문장과 같은 자격으로 이어지는 행동이 언급되리라 추측할 수 있다. 쉬운 예시에서 알 수 있듯이 접속사를 통해 내용을 예측하면, 글을 읽을 때 더는 문장에 쫓기지 않게 된다. 오히려 주도권을 가지고 글을 파악할 수 있다.

장거리를 달릴 때 호흡 조절이 중요하듯, 긴 글을 읽을 때도 강약 조절이 필요하다. 특히나 시험에서 정해진 시간 내에 2,500자 분량의 글을 읽을 때, 모든 문장을 힘주어 읽으면 글의 중간 지점을 통과하기도 전에 진이 빠진다. 한 문장 한 문장 힘써서 읽으면 제대로 글을 이해할 수 없고 금세 지친다. 반면 접속사를 통해 글의 구조를 파악하면, 집중해서 읽어야 할 핵심 부분과 가볍게 읽고 넘길 부분을 구분할 수 있다. 읽기의 강약 조절을 통해 독해 마라톤을 완주하는 것이야말로 문해의 기본 체력이다.

길잡이를 따라 흐름을 파악한다는 점에서 읽기는 길 찾기와 같다. '아, 여기서 좌측으로 꺾어야 전철역이 나오는구나.', '이대로 직진하면 학교가 곧 나오겠네.'

낯선 길이라 해도 표지판을 정확히 읽고 나아가면 헤매거나 막막하지 않다. 걷다 보면 예상한 대로 지하철이 나오고, 학교가 보이니 흥미롭다. 이는 책을 읽을 때도 마찬가지다. 첫 문장에서 다음 문장으로 의미가 연결되는 방향을 파악하면서 읽으면 내용을 쉽고 빠르게 이해할 수 있다. 요컨대 진정한 문해란 글자를 눈으로 따라가는 것이 아니라 의미의 전개를 주도적으로 파악하며 읽는 것이다. 달리 말하면 다음에 무슨 내용이 이어질지 예상하며 읽는 것이다. 다음 예를 살펴보자.

> 훈이 어머니는 중매쟁이가 자신과 집 구석구석을 자세히 살펴보고 까다로운 눈으로 부엌 크기를 가늠하고 있음을 눈치챘다. 그렇지만 중매쟁이는 훈이 어머니의 속내를 헤아리기 꽤 어려울 터였다. 훈이 어머니는 아침에 일찍 일어나서 밤에 잠들 때까지 일하며 그날그날 필요한 일을 해내는 조용한 여인이었다.

- 소설 《파친코》 중에서

위 예시에서 접속사 '그렇지만'을 지나쳤느냐, 제대로 읽었느냐에 따라 글을 이해하는 정도는 하늘과 땅 차이다. '그렇지만'을 대충 읽었다면, 글 속 이정표를 지나쳤으므로 다음 내용을 예측하기 어렵다. 줄줄이 나열된 문장만 읽었기에 의미적 연결을 파악하는 속도가 느리며 읽는 재미가 떨어진다. 이와 반대로 '그렇지만'이라는 역접의 이정표를 제대로 읽었다면 어떨까?

'이제 앞에서 서술한 내용과 반대되는 사건이 일어나겠군. 중매쟁이는 훈이네 집안 사정을 파악하려고 애쓰지만, 쉽지 않았다는 내용이 나오겠어. 그런데 왜 쉽지 않을까? 아, 역시 다음 문장에서 나오네. 훈이 엄마가 덤덤한 성격이구나. 묵묵하게 일하는 인물이니 중매쟁이에게 시시콜콜 떠들지 않았겠지.'

접속사를 통해 예측하며 읽으면 글의 의미를 주도적으로 파악하는 것은 물론 글 속 상황에 더욱 몰입하게 된다. 중매쟁이가 뭔가를 파악하려 애쓰는 모습이 훈이 어머니의 굳게 다문 입과 대비되면서 긴장감과 재미가 더해진다. 또한 전개 방향을 파악하며 읽으므로 시간이 단축되면서 독해 효율은 높아질 수밖에 없다.

이제 접속사의 종류와 쓰임새에 대해 구체적으로 살펴보도록 하자.

순접 접속사

순접 접속사는 앞 문장을 순조롭게 잇는다. '그리고', '그리하여', '이리하여'가 나오면 앞 문장과 비슷한 내용이 뒤 문장에 나올 것을 예측하면서 힘을 빼고 순하게 읽는다.

> 그는 자리에서 일어났다. 그리고 밥을 먹었다.
> 두 사람은 서로 사랑했다. 그리하여 부부가 되었다.

역접 접속사

역접 접속사가 나오면 앞 문장에서 서술한 사실과 반대되는 사태, 일치하지 아니하는 사태가 뒤 문장에 나온다. 마라톤으로 치면, 오른쪽으로 달리다가 바통을 받고 갑자기 정반대되는 방향으로 다음 주자가 달려가는 상황이다. '그러나', '그렇지만', '하지만', '그래도'가 나오면 앞과 상반된 내용을 예측하며 힘주어 읽는다.

> 네 말도 일리는 있다. 그렇지만 우리는 다수 의견에 따라야만 한다.
> 태풍에 배가 침몰했다. 그래도 목숨을 잃은 사람은 없었다.

종류	이어주는 말	쓰임
순접	그리고, 그리하여, 이리하여	앞 내용을 그대로 이어준다.
역접	그러나, 그렇지만, 하지만, 그래도	앞 내용과 상반되는 내용을 이어준다.
인과	그래서, 따라서, 그러므로, 그러니까, 왜냐하면	앞뒤 문장을 원인과 결과로 또는 결과와 원인으로 이어준다.
나열	그리고, 또는, 혹은, 이와 함께	앞뒤 내용을 같은 자격으로 이어준다.
전환	그런데, 그러면, 한편, 다음으로, 아무튼	앞 내용과 다른 것으로 화제를 바꾸어 이어준다.
예시	예컨대, 이를테면, 예를 들면	앞 내용에 대해 구체적인 예를 들어 설명한다.
첨가 보충	그리고, 더구나, 게다가, 아울러, 그뿐 아니라	앞 내용에 새로운 내용을 덧붙이거나 보충한다.
환언 요약	바꾸어 말하면, 요컨대, 즉, 결국, 말하자면	앞 내용을 바꾸어 말하거나 간추려 짧게 요약한다.

| 인과 접속사

인과 접속사는 원인과 결과 또는 결과와 원인을 이어준다. '그래서', '따라서'가 나오면 앞 내용의 결과에 해당하는 내용이 이어진다. 원인을 통해 말하고자 하는 바가 뒤 문장에 나올 것을 예측하며 힘주어 읽는다.

<blockquote>
원유 가격이 많이 올랐다. <u>따라서</u> 국내 기름값도 조만간 오를 것이다.
그 새는 날개를 사용할 생각을 하지 않았다. <u>그래서</u> 날개가 퇴화했다.
</blockquote>

인과 접속사 가운데 '왜냐하면'은 결과와 원인을 이어준다. 이 경우 '왜냐하면' 뒤에 나오는 원인을 강조해 전달할 것을 예측하며 읽는다.

<blockquote>
나는 그의 실패를 탓하지 않았는데 <u>왜냐하면</u> 그는 최선을 다했기 때문이다.
고운 말을 쓰는 사람은 마음씨와 몸가짐도 곱다. <u>왜냐하면</u> 고운 말은 고운 마음씨에서 싹트기 때문이다.
</blockquote>

| 나열 접속사

앞에 언급한 바와 같이 역접, 인과의 접속사가 나오는 대목을 집중해서 읽는다면, 나열 접속사 다음에 이어지는 문장은 가볍게 읽는다. '그리고', '또는', '혹은'과 같은 나열 접속사가 나오면 앞 문장과 같은 자격의, 유사한 내용이 이어진다.

1년에 딱 세 번만은 새벽 같이 눈이 떠졌다. 봄 소풍과 가을 소풍, 그리고 운동회 날이었다.

| 예시 접속사

글에서 예시 접속사가 나올 때도 마찬가지다. '예컨대', '이를테면' 다음에는 앞 문장에 대한 구체적인 예가 이어질 것을 예측해야 한다. 앞의 내용을 쉽게 설명하는 내용에 불과하므로 힘주지 않고 읽는다.

잡곡류, 예컨대 보리, 수수, 조, 콩, 팥 등을 많이 먹는 게 건강에 좋다.

예시 접속사는 난해하거나 추상적인 문장과 구체적인 예를 이어서 글의 이해를 돕기도 한다. 이럴 때는 '아 앞부분이 어려우니까. 쉬운 예를 들어주는구나.' 안도하며 읽는다.

'까방권'은 잘못을 저질렀을 때 비난이나 악성 댓글을 면제받을 권리를 속되게 이르는 말이다.
예를 들어, 우리나라에서는 연예인들이 정상적으로 군 복무를 마치고 나면 우호적 여론이 형성되는데 이런 경우 '까방권'을 획득했다고 한다.

환언 접속사

환언은 앞서 한 말에 대하여 표현을 달리 바꾸어 말하는 것으로, 환언 접속사로는 '바꾸어 말하면', '말하자면' 등이 있다. 환언 접속사와 더불어 요약 접속사는 글에서 가장 중요하고 중심이 되는 부분을 잡아서 간추려 준다. '요컨대', '즉', '결국' 등이 있다. 환언과 요약 접속사 다음에는 글의 주제나 핵심이 이어지므로 이 접속사를 봤다면 뒤 문장은 핵심 문장일 것이라 예측되므로 '이 부분이 중요하구나!' 하며 경각심을 가지고 집중해서 읽는다.

<u>요컨대</u> 학력보다도 실력이 있어야 성공한다.
<u>바꾸어 말하면</u>, 러시아와 전쟁이 벌어지면 정작 필요한 장교단을 보낼 수 있는 유럽 국가는 이들뿐이라는 말이다.

전환 접속사

글은 이야깃거리(화제)를 가지고 주제를 전달한다. 하나의 수제를 전달하기 위해 글쓴이는 이야깃거리를 하나 또는 여러 개 다룰 수 있다. 하나의 화제에서 다음 화제로 바통을 연결할 때 전환 접속사가 등장한다. 예를 들어, 민주주의를 쉽게 설명하기 위해 그와 대척점에 있는 공산주의를 화제로 언급하며 설명하기도 한다. '민주주의란 국민이 권력을 가지고 그 권력을 스스로 행사하는 제도를 말한다.' 하며 내용을 이어가다 전환 접속사와 함께 글의 흐름이 전환된다.

<u>한편</u>, 공산주의는 재산의 공동 소유가 옳다고 주장하며 생산 수단의 사회화와 무계급 사회를 지향한다.

전환 접속사는 앞 내용과는 다른 것으로 화제를 바꾸어 이어준다. '한편', '다음으로', '아무튼'과 같은 전환 접속사를 읽는 순간, 글의 화제가 A에서 B로 바뀌는 것을 파악하며 읽는다.

말로 흥한 자 말로 망한다는 말을 실감하는 시기이다. <u>아무튼</u> 선거철을 앞두고 유권자는 후보자의 공약을 들여다봐야 한다.

지금까지 접속사를 통해 글의 흐름을 예측하고 쉽게 이해하는 방법을 살펴보았다. 글은 문장의 나열이 아니다. 문장은 유기적으로 연결된 하나의 퍼즐이다. 문장과 문장은 접속사로 연결되어 하나의 단락을 이룬다.

글의 의미를 영상화하는 측면에서 본다면, 단어는 이미지이며 문장은 '짤'이다. 나아가 단락은 '짤'과 '짤'을 이은 단편 영화라 할 수 있다. 영화가 컷(Cut!)한 장면과 장면을 이어붙여 이야기를 전개한다면, 글은 문장과 문장 사이 접속사를 통해 일련의 흐름을 이어나간다. 흔히 영화 보는 건 쉬운데 책 읽는 건 어렵다고들 한다. 특히나 동영상 시청에 중독되어 난독증을 호소하는 이들이 늘어나는 추세다. 글자를 읽고 이해하는 데에 어려움을 겪는 이유는 무엇일까? 머릿속으로 글의 흐름을 따라가지 못해서다.

영화에서는 A에서 B로 화제가 전환하거나 반전이 일어날 때, 해당 장면이 눈 앞에 펼쳐진다. '아, 이 대목에서 이야깃거리가 전환하는구나.' '오 지금 반전이구나!' 의식하지 않아도 화면만 보고 있으면 흐름을 이해할 수 있다. 같은 내용을 소설로 읽는다고 가정해보자. 글자만 줄줄이 읽으면 어떨까? 글의 흐름을 따라가면서 예측할 수 없기에 머릿속 상상을 통한 의미화가 제대로 일어나지 않는다.

글을 제대로 읽으려면 동영상을 볼 때와는 다른, 고도의 사고 작용이 요구된다. 즉, 의미를 영상화하는 동시에 접속사를 길잡이 삼아 흐름을 예측하며 읽어야 한다. 선천적 문해인은 긴 글을 마주하는 순간, 타고난 독해 감각을 발휘해 앞서 말한 방식으로 글을 읽는다. 그러니 긴 글을 꺼리거나 두려워할 이유가 전혀 없으며, 빠른 속도로 글을 읽고 이해한다. 나와 같이 노력하는 후천적 문해인은 지속적 훈련을 통해 이러한 독해 방식을 익혀야 한다. 지금부터라도 글 속에서 만나는 접속사를 예의주시하며 의식적으로 외쳐보자.

아! 다음 문장을 예측할 수 있겠구나!

독(讀)의 문해법 6 _ 진정한 어휘력
: 모르는 단어가 있어도 지문을 이해할 수 있다

　수능이든 각종 채용 및 임용 과정에서든 언어 영역 시험을 치른 후, 수험생 대부분은 지문을 다 읽지 못한 이유로 어휘력 부족을 꼽는다. 모르는 단어가 걸림돌처럼 박혀 있어 주춤거리다 보면 한 문장에서 다음 문장으로, 그다음 단락으로 읽어나가지 못한다는 거다. 이러한 생각으로 문해력을 올리기 위해 어휘력 책을 탐독한다. 단어를 손으로 쓰고 입으로 중얼거리고 암기하며 문해력을 높이려 한다. 그러나 과연 낯선 단어 때문에 지문을 이해하지 못할까? 글을 못 읽는 것은 어휘력의 문제가 아니다. 아래 문장을 예로 들어본다.

　　흡기 예비량은 정상적인 흡식이 진행된 후 허파에 부가적으로 흡입할 수 있는 공기의 총량을 말한다.

　고3 수험생이나 공무원 시험 응시자 가운데 '흡기 예비량'이라는 어휘를 사전에 알고 시험에 치르는 사람이 몇이나 될까? 수험생 대부분에게 '흡기 예비량'이라는 단어는 생소하다. 국어 시험의 모든 문항은 지식의 유무가 점수에 영향을 미쳐서는 안 된다는 대원칙을 전제로 한다. 그러하기에 낯선 단어나 개념 뒤에는 그에 대한 자세한 설명이 필수로 따라온다. 그 부연 설명을 이해하는가, 못 하는가는 어휘력의 문제가 아니다. 문해력에 달렸다. 위 예시에서도 흡기 예비량이라는 단어 뒤에 다음과 같은 부연 설명이 이어진다. 흡기 예비량이란 '허파에 부가적으로 흡입할 수 있는 공기의 총량' 이라고.

위 설명에서 모르는 단어는 존재하지 않는다. 위 설명을 정확히 읽었다면, '아, 흡기 예비량은 내 몸에 있는 허파가 더 들이켜 마실 수 있는 공기의 양, 그러니까 들숨 예비량 같은 것이구나.' 하며 이해할 수 있다. 숨을 들이쉴 때 배가 풍선처럼 부풀어오르는 장면을 떠올린다면, 이 문장을 이해하기에 충분하다.

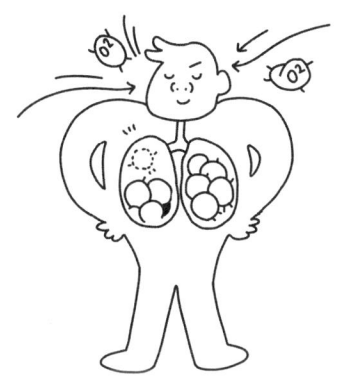

여기서 말하고자 하는 바는, 문해에 필요한 어휘력은 단어의 사전적 의미를 아느냐 모르느냐에 달려 있지 않다는 사실이다.

책상에 장시간 앉아 쌓아온, 형식적 어휘력은 문장을 해독하는 데에 생각보다 큰 영향을 미치지 않는다. <u>실질적 어휘력이란 글 속에서 단어를 접했을 때 시각적으로, 직감적으로 의미화할 수 있는 능력이다.</u> 실질적 어휘력을 장착하면 모르는 단어가 더는 문해의 걸림돌이 되지 않는다.

독해에 필요한 실질적인 어휘력을 높이려면 어떻게 해야 할까? 공책에 단어의 사전적 정의를 적고, 예문까지 써가며 천자문처럼 달달 외우는 단어 학습법은 폐기하자. 이제부터는 글 속에서 단어를 보고 떠오르는 이미지를 하나씩 하나씩 기억 속에 축적하자. 나는 이 과정을 '의미의 샘플화'라고 정의하며, 이를 일상에서 생활화하고 있다.

'이혼 재산분할'이라는 법률 용어를 접하면, 이혼한 부부가 집과 돈을 반으로 가르는 장면을 선명하게 떠올린다. 이처럼 한번 형상화를 거친 단어는 머릿속에 저장된다. 추후 뉴스나 판례에서 '이혼 재산분할'이라는 단어가 눈에 들어오면 '샘플화'된 의미, 즉 집과 돈을 반반 나누는 부부의 장면이 자동으로 떠오른다.

학창 시절 생물 시간을 통해 막연하게나마 암세포라는 단어를 배우고 익혔다면 나만이 떠올릴 수 있는, 단어의 이미지가 있기 마련이다. 나는 '암세포'라는 단어를 보면 몸을 갉아 먹는, 뿔 달린 악마처럼 생긴 빨간색 세포를 떠올린다. 이처럼 한번 이미지로 '샘플화' 했기에, 신문이나 책에서 '암세포'라는 단어가 보이면 동일한 이미지를 떠올린다. 결론적으로 <u>문해력을 높이려면, 어휘력 책이나 국어사전을 통해 형식적으로 어휘를 확장할 게 아니라 단어별로 내가 떠올린 이미지를 머릿속에 축적해야 한다.</u> 내가 인지한 대로 단어의 의미를 차곡차곡 형상화한다면, 두뇌는 방대한 의미 저장소가 된다. 글 속에서 생소한 단어가 나와도 더는 사전을 뒤적일 필요가 없다.

흔히 책을 많이 읽으면 어휘력이 는다고 한다. 일리 있는 말이다.

그러나 단어를 이미지로 떠올리며 의미를 '샘플화'하지 않은 채, 무작정 책을 읽는 것은 독해에 전혀 도움이 되지 않는다. 쉬운 예로 정치나 경제 분야 책을 읽는다면 '민주주의', '자유주의', '시장주의'가 이미지로 축적되어야 어휘력이 느는 독서다. 즉, 시민들이 투표하는 민주주의. 시민이 마음대로 놀고 움직이고, 자신의 직업을 선택하는 자유주의. 국가가 개입하지 않고 시민이 물건을 자유롭게 사고파는 시장주의. 책을 읽으면서 '의미의 샘플화'를 제대로 했다면, 추후 시험이나 뉴스, 논문에서 글을 접할 때 어떤 일이 벌어질까? 글 속 해당 단어가 이미지로 자동 떠오르면서 빠르고 정확하게 글을 이해할 수 있다. 이것이 '의미의 샘플화'를 통한 진정한 어휘력이다.

독(讀)의 문해법 7 _ 글 읽는 속도
: 한 번에 몇 글자씩 읽어야 할까

요즘 독서가들은 무슨 책을 읽나. 호기심에 가끔 SNS에서 북스타그램 피드를 검색해본다. 그러면 '이번 달 내가 읽은 책'이라는 문구와 함께 열 권 넘는 책을 탑처럼 쌓아둔 사진이 비 온 뒤 여기저기 솟는 죽순처럼 올라온다. 인스타그램에서 북스타그래머의 피드를 보면 내심 불안해진다. 연말이 되면 올해 백 권 넘게 읽었다며 책을 크리스마스트리 높이로 쌓아 성과를 자축하는 분위기가 피드에 감돈다. '저 많은 책을 읽는다는 건 그만큼 빠른 속도로 읽는다는 건데,

그럼 내가 게으른 건가? 느리게 읽는 건가?' 북스타그램을 들여다볼수록 조급해지기 쉽다.

책을 읽고 곱씹으며 사유하는 과정, 즉 읽는 재미나 가치는 뒷전이고 몇 권이나 읽었는지 수치화하며 지적 허영을 채우는 것은 아닐까? 다독, 속독에 과열된 시대, '마음의 양식'인 책이 빨리 해치워야 하는, '마음의 인스턴트'로 전락되는 건 아닌지 되돌아볼 일이다. 글을 제대로 이해하고 소화하지 못한 채, 글자 흡입에만 급급한 풍조. 이러한 겉치레 읽기가 현대인의 문해력에 끼치는 영향을 우려하지 않을 수 없다. '몇 권을 읽었는가?' 운운하며 책 탑을 쌓기 전에, 단어를 형상화하고 문장을 영상화하면서 한 권이라도 제대로 읽었는지 되돌아볼 일이다. 읽고 난 뒤 과연 머릿속에 무엇이 남았는지 읽기의 효용부터 점검할 일이다.

속독에 대한 우려를 표하기는 했지만, 수험 상황에서 읽는 속도는 중요한 문제다. 주어진 시간 안에 정확하게 읽고 문제를 풀려면 어느 속도로 글을 읽어야 하는지, 수험생은 고민하지 않을 수 없다. 나는 강의에서 아래와 같은 질문을 자주 받는다.

"눈에 들어오는 글자는 한 번에 이해해야 하는 건가요?"

"저는 속 발음을 하는데 한 글자씩 읽어야 하나요?"

당연히 빠르게 읽을 수 있으면 문제를 푸는 시간이 여유롭기에 좋다. 그러나 자신에게 맞지 않는 속도로 빠르게 읽는 데에만 치중한다면 어떨까? 지문을 다 읽고 문제를 풀려는데 단 한 문제도 풀리지 않는 난관에 빠지고 만다.

3장을 통해 문해의 첫 번째 단계인 글의 의미화를 제대로 훈련했다면, 아래 질문을 자연스레 떠올리게 된다. '<u>몇 글자씩 얼마만큼 읽어야 할까?</u>'

나에게 맞는 읽기 속도를 '달리기 속도'에 비유해본다. 잘 뛰지도 못하는데 속도에만 열을 올리면 아킬레스건에 무리가 가고, 근골격이 파열되어 완주하지 못한다. 이와 반대로 마라톤을 하는데 조심스러운 나머지 한 발 한 발 걷기만 한다면 어떻게 될까? 아무리 가도 결승점이 보이질 않으니 시간만 낭비한 셈이다. 결국 나에게 맞는 안정적인 호흡과 보폭으로 페이스를 조절해야 10미터든 100미터든 완주가 가능하다. 읽기도 이와 마찬가지다. 나에게 맞는 속도로 읽어야 하는데, 이는 현재의 문해력 수준에 따라 다르다. 다음 예문을 읽어보자.

인간의 본성에 관한 서로 다른 두 관점이 있다. 종교적 인간관에 따르면, 인간에게는 물리적 실체인 몸 이외에 비물리적 실체인 영혼이 있다. 반면 유물론적 인간관에 따르면, 인간은 물리적 몸에 지나지 않는다.

아래 세 가지 가운데 어떠한 방법으로 예문을 읽었는가?

방법 1 인/간/의/ 본/성/에/ 관/한/ 서/로/ 다/른/ 두/ 관/점/이/ 있/다./ ~

방법 2 인간의/ 본성에/ 관한/ 서로/ 다른/ 두/ 관점이/ 있다./
종교적/ 인간관에/ 따르면,/ 인간에게는/ 물리적/ 실체인 ~

방법 3 인간의 본성에 관한/ 서로 다른 두 관점이 있다./ 종교적 인간관에 따르면,/ 인간에게는/ 물리적 실체인 몸 이외에/ 비물리적 실체인 영혼이 있다./ 반면 유물론적 인간관에 따르면,/ 인간은 물리적 몸에 지나지 않는다./

 방법 1은 글자 단위 읽기다. 한 글자씩 속으로 발음하며 읽는 사람들이 사용하는 방법이다. 이 방법은 껍데기에 불과한 글자 하나하나에 치중하므로, 글이 전달하려는 넓은 의미를 이해하는 데에 방해가 된다. 이러한 읽기 방법에는 '한 글자씩 천천히 읽어야 제대로 읽는다.'는 착각이 주는 심리적 안도감이 크게 작용한다.
 방법 2는 단어 단위 읽기이다. 위 예문은 인간의 본성을 바라보는 두 관점에 대해 전하려고 한다. 그런데 문장을 인간, 본성, 다른, 두, 관점 등 단어 단위로 쪼개어 읽으니 의미적 연결을 통해 글의 주제나 취지를 파악하는 데에는 효율적이지 않다. '인간의 본성'이라고 한 번에 머릿속에 의미화하지 않고 두 번에 나누다 보니 독해 속도가 느려진다.
 글을 의미화하며 읽는 노력을 지속하면 문해력은 트이기 마련이다. 처음엔 단어 단위로 의미화했다가 숙련도가 상승할수록 두 개의 단어를 결합한 의미가 한번에 떠오른다. 더 나아가 세 개의 단어를 결합한 의미가 떠오르면서 자연스럽게 넓은 의미 단위로 읽게 된다. 그런데도 방법 1과 2에서 벗어나지 못한다면, 문해력이 트일 만큼 노력하지 않았거나 자신의 독해 잠재력이 낮다고 스스로 단정해서다.

방법 3은 의미 단위 읽기이다. 인간의 본성, 서로 다른 두 관점, 종교적 인간관. 단어 조각을 결합한 의미 덩어리로 글을 읽으니, 의미적 연결이 수월하고 독해 속도가 빨라진다. 이러한 까닭에 언어 영역 수험서와 논문 등에서는 독해 효율을 고려해 의미 단위 읽기를 강조한다. 그러나 탁월한 문해 유전자를 갖고 태어나지 않는 우리, 후천적 문해인에게 처음부터 넓은 의미 단위로 읽으라는 것은 갓난아기에게 뛰라는 것과 다름없다. 의미를 머릿속에 형상화하지도 못한 상태에서 무리하게 넓은 범위로 읽으려는 시도는 오히려 독해에 엄청난 방해가 된다. 문해력을 떨어뜨린다. 그러므로 의미 단위로 읽기 전에 단어를 형상화하고 이를 하나씩 하나씩 연결하는 게 우선이다. 그다음 점차 넓은 의미를 형상화하는 시도로 나아가는 게 바람직하다.

첫 문장에 나오는 '인간의 본성에 관한'을 읽고 나는 인간의 나체

---

4   인간의 뇌는 경이롭다. 눈으로 글자를 보는 순간 신경세포인 뉴런과 뉴런 사이에 전기 신호와 화학 신호가 흐르면서, 인지한 글자를 시속 193km의 속도로 뇌에 전달한다. 이를 전달받은 뇌는 이것에 대해 어떻게 반응할지 결정해 시속 320km의 속도로 해당 신경세포에 보낸다. 이것을 반응 속도라고 하며, 이는 훈련에 따라 향상된다. 즉 의미화 읽기를 훈련할수록 글을 이해하는 속도는 빨라질 수밖에 없다.

를 떠올렸다. 다음 어구 '서로 다른 두 관점'을 읽고 두 개의 눈동자를 떠올렸다. 두 어구를 순차적으로 연결하자 인간의 나체를 보는 두 눈동자가 머릿속에 '짤'로 그려졌다. 그다음 문장으로 넘어가니, 눈동자 하나는 '종교적 인간관'이요. 다른 하나는 '유물론적 인간관'이었다. 단어를 시각으로, 직감으로 의미화하는 훈련을 거쳐 의미 단위로 읽으니 글을 명료하게 이해했고, 읽는 속도가 개선되었다.

<u>단어 단위로 이미지화하고, 점차 보폭을 늘려 머릿속 이미지를 하나씩 늘려가는 작업이 진정한 '의미화 단위 읽기'</u>이다. 이 보폭은 읽는 사람마다 다르다. 이미지를 정확히 떠올리고 보폭마저 넓다면 가장 빠르게 결승점에 도달할 것은 자명하다. 그러나 빠르게 달리더라도 중간에 포기한다면 느리더라도 완주한 것만 못하다. 따라서 자신의 보폭에 맞게 단어를 형상화하면서 글을 끝까지 이해하며 읽는 것이 가장 중요하다.

독(讀)의 문해법 8 _ 지문 읽기
: 조사 한 톨까지 다 읽으면 더 재밌는 이유

법학전문대학원 시험에 합격한 후 한 수험생이 물었다.

"문제 풀 때 설마 지문을 다 읽진 않으시죠? 지문이 한두 개가 아니잖아요. 그걸 다 읽기엔 시간이 모자랄 테고요. 핵심 문장만 파악해서 읽나요?"

고득점 요령을 물으려는 질문에 나는 원칙주의자 같은 답을 내놓았다.

"아니요. 처음부터 끝까지 다 읽습니다."

수험생은 휘둥그레한 눈으로 되물었다.

"정말요? 지문 당 분량이 이천 자 가까이 되는데, 그걸 다 읽는다고요?"

"네, 정확히 독해하려면 그래야 합니다."

대화를 나눌 때 상대 말을 끝까지 들어야 말하고자 하는 바를 파악할 수 있다. 글도 마찬가지다. 겉만 슬쩍 읽어서는 속 내용을 제대로 파악할 수 없다. 문해력이 낮은 사람이 지닌 습관 가운데 하나는 글을 지의적으로 건너뛰며 읽는 것이다. 그러나 작가는 단 하나의 단어도 허투루 쓰지 않기에 단어, 심지어 조사 하나 놓치고 읽으면 진의를 파악하기 힘들다. 아래 세 문장을 살펴보자.

A. 날씨가 화창했다.

B. 날씨는 화창했다.

C. 날씨마저 화창했다.

조사 한 톨까지 읽어야 사실적 이해는 물론 상황 유추까지 가능하다. 한 마디로 글을 이해하는 폭이 넓어진다. 문장 A의 경우 날씨 자체에 초점을 두고 있다면, 문장 B와 C는 날씨 이외의 상황에 대한 여지를 품고 있다. 예를 들어, 문장 B는 '날씨는 화창했지만 마음은 잿

빛이었다.', 문장 C는 '승진 통보를 받고 기쁜 날, 날씨마저 화창했다.'로 이어져 날씨와 필자의 감정을 연결할 수 있다. 즉, 문장 B와 C에서 궁극적으로 말하고자 하는 바는 날씨가 아니라 글 속 필자의 감정이다. 강조하자면, 언어적 더듬이를 곤두세우고 단어 하나, 조사 하나 제대로 읽어야 정확한 독해가 가능하다.

미언대의(微言代議), 작은 말속에 큰 의미가 담겨 있다. 작가는 정확한 뜻을 전달하기 위해 단어를 고르고 또 고른다. 꼭 필요한 단어만을 조합해 문장을 짓고, 글로 엮는다.

아래는 알베르 까뮈의 《이방인》의 첫 문장이다.

오늘 어머니가 돌아가셨다.
아니 어쩌면 어제.

간결하면서도 강렬한 도입부는 충격적이기까지 하다. 어머니의 사망 소식을 들은 지 몇 시간 안 되는 상황일 터인데…. 만사에 심드렁하다 못해 회의적인 주인공은 분명 현실과는 괴리된, 회색 인간인 듯하다. 외국 소설은 번역자의 역량에 따라 읽는 맛이 다르다. 아래 문장은 어떠한가?

오늘 어머니가 돌아가셨다.
아니, 아직 확신할 수는 없지만 어쩌면 어제일지도 모르겠다. 헷갈린다.

의미는 같지만 뉘앙스는 다르다. 이 문장에서 필자는 냉소적이라기보다 둔하고 정신 나간 사람처럼 보인다. '확신할 수는 없지만… 헷갈린다.'라는 표현이 이 필자를 그런 사람으로 만들었다. 단문이 주는 명료성, 예리함이 사라진 듯해 읽는 맛이 반감되기도 한다. 작가는 가장 정확하고 효과적인 단어를 선택해 글을 짓는다. 화가에 비유하자면, 노을에 붉게 물드는 저녁 하늘을 캔버스에 담을 때 은은한 수채화로 그릴지, 색채가 선명한 유화로 그릴지에 따라 붓의 굵기와 물감의 진하기를 조정하는 과정과 유사하다. 그러니 단어나 문장 하나 놓치지 않고 제대로 읽지 않으면, 작가가 100을 전달했으나 독자는 50밖에 이해하지 못한 채 글을 다 읽었다고 착각한다. 작가의 의도를 고려하지 않은 채, 대충 읽는다. '노을에 관해 썼구나.' 하고 화두만 대강 파악하는 수준에 그치고 만다. 읽으면서 작가의 숨은 의도나 조사나 단어 하나가 주는 감칠맛, 글자를 해독하는 짜릿한 즐거움을 느끼지 못한다. 읽는 맛을 느끼지 못하니 글자와 점점 멀어지고 억지로 숙제하는 아이처럼 글을 읽게 된다.

내가 운영하는 회사는 수원 법조 타운 근처에 있다. 어느 날 회사 근처 카페에 앉아 원고를 쓰다가 창밖을 올려다봤다. 고층 건물 꼭대기에 '수원법원종합청사'라는 글자가 눈에 들어왔고 직원에게 물었다.

"저 간판에 적힌 글자 말이야. 어떤 의미일까?"

"변호사님, 저건 법원을 의미하는 거잖아요."

그의 대답이 틀린 말은 아니나 간판의 의미를 정확히 파악하지는 못했다. 대충 읽었을 뿐 여덟 글자가 말하려는 전부를 읽지는 못했다는 뜻이다. 간판의 글자를 의미화하며 읽어보면, 먼저 '수원'이라는 지역을 떠올리게 된다. 그다음 '법원'을 읽고, 수원 지역 안에 있는 법정을 떠올리며 의미화한다. 더 나아가 '종합'이라는 글자를 보며 생각한다. '왜 굳이 종합이라는 단어를 썼을까?' 예민하게 반응하며 의미화하려고 노력해야 한다. '종합'은 '여러 가지를 한데 모아서 합한다.'는 의미이다. 따라서 간판이 전하고자 하는 바는 하나의 법원이 아니라 여러 종류의 법원이 모여 있는 청사라는 뜻이다. 실제 수원 법원은 1)수원지방법원과 그 상위 법원인 2)수원고등법원으로 나누며, 간판이 달린 건물은 두 법원이 모인 청사였다.

 법원 옆에는 검찰청이 자리했다. 간판을 들여다보니, '종합'이라는 단어를 쓰지 않았다. '수원고등/지방 검찰청'이라고 풀어서 설명하며 '고등', '지방' 두 개의 단어를 모두 제시하였다. 더 나아가 간판명을 그리 지은 의도에 대해 생각해보자. '수원법원종합청사'는 두 법원을 한데 모아 관장하는 '종합'의 성격을 강조했다. 반면 검찰청 간판은 '고등', '지방'이라고 구체적으로 표기해 해당 건물의 기능을 세세히 알려주려는 의도로 해석된다. 간판을 제대로 읽는 데에도 지은이의 의도를 파악하려는 노력이 필요한데, 간판보다 짜임새가 정교한 글은 오죽할까. 제대로 읽는 자에게 쓸모없는 단어나 문장은 없다. 글 속의 모든 단어는 글쓴이의 의도에 맞게 퍼즐처럼 배치되었기에 함부로 생략하지 말고, 의미화하면서 예민하게 읽어야 한다. 일상에서 마주치는 모든 글자는 '문해력 높이기 실전편' 교보재나 다름

없다.

카페에서 원고를 쓰다가 시선을 내리니 이번에는 탁자에 놓인 종이컵이 보였다. 컵에 적힌 문구를 들여다봤다.

'<u>내 일</u>이 있는 <u>내일</u>을 위한 대학. OO 대학교'

얼핏 보면 '이 대학의 홍보 문구는 나의 내일, 그러니까 미래(future)를 위한 대학이구나'라고 받아들이고 만다. 그러나 좀 더 의미화하면, 내 일(my job)이 있는 대학이라는 뜻도 담겨 있음을 알 수 있다. 즉, 우리 대학에 오면 너의 취업, 미래 다 모두 보장될 수 있다는 의미이다. 이 글귀가 흥미로운 이유는, '내 일', '내일' 같은 글자를 다르게 띄어 쓰면서 의미를 다중적으로 전달하려는 언어유희가 담겨 있어서다. 종이컵 문구 하나만 보아도 대충 읽는 사람과 의미화하며 읽는 사람의 문해력이 하늘과 땅 차이임을 알 수 있다. <u>언어적 예민성을 기르면 독해가 재밌어진다. 글쓴이의 의도를 파악하는 게임을 즐길 수 있다.</u>

# 4장 문해법 2단계: 해解의 문해법 _사고화

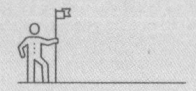

왜 생각하며 읽어야 할까?

　1단계 '독의 단계'를 무리 없이 이행할 수 있다면 주어진 글의 내용이 어느 정도 이해가 되기 때문에 스스로 글을 잘 읽는다는 자부심이 있을 수 있다. 그러나 1단계 독의 단계에만 그친다면 이는 반쪽짜리 문해에 불과하다.

　인간의 문해력이 단순히 내용을 파악하는 독의 단계 수준에 머물렀다면, 인류 문명은 원초적 형태에 머물렀을 것이다. 인간은 글자를 통해 사상을 이해했다. 이를 정치, 예술, 건축 등 다양한 분야에 적용하면서 인류 역사는 한 걸음 앞으로 나아갔다. 인류는 글자를 해독하고, 그 내용을 시대에 따라 비판하고 추론하는 사고 과정을 통해 발전했다.

　인터넷 서점 검색창에 '플라톤'의 이름을 입력하자 관련 프로필 정보가 보였다.

　　- 출생지: 그리스 아테네

　　- 출생년도: 기원전 469년

- 성별: 남성

- 직업: 철학자

- 저서: 《파이돈》,《크리톤》,《향연》,《국가》,《프로타고라스》 등

  2,500년 전 한 철학자가 아테네 학당을 거닐며 쓴 글이 고대와 중세, 근현대를 거쳐 현재까지 읽히고 있다는 사실. 놀랍지 않은가? 플라톤은 35종에 가까운 저서를 집필하여 그의 핵심 철학인 이데아(Idea)를 후대에 전파했다. 그 당시 플라톤은 자신이 문자 형태로 전승한 철학 개념, 이데아가 서구 문명 발달에 기폭제가 될 거라고 예상했을까?

  플라톤의 이데아란 이상적 형태를 말한다. 그는 현실에 존재하는 모든 것은 이상적 형태를 갖춘 '이데아'의 복제물이라고 주장했다. 예를 들면, '인간은 정신과 영혼과 육체가 균형을 이루는 이상적 존재를 구현한 형태'라고 여겼다. 이데아 개념은 그의 국가관에도 영향을 미쳤다. 플라톤은 저서《국가》를 통해 정의와 공평성에 기반한 이상적인 국가론을 제시했다. 그의 사상은 아테네 민주정과 로마 공화정의 근간이 되었다. 귀족 계층이 권력을 전횡하지 못하게 억제하는 법과 제도를 탄생시켰다.

  현대에 이르러서도 플라톤의 국가론에 관한 연구는 이어졌다.

  '여전히 모든 사람이 평등하지 않고, 소수 엘리트가 권력을 쥐고 있구나.'

  정치 지도자들은 그의 사상을 추론해 현실에 적용하고 비판하면

서 국가 조직 형태에 반영하였다. 이는 민주주의, 삼권분립 등 현대 정치의 근간이 되었다. 플라톤의 저서를 성경처럼 절대 진리로 여기는 데에 그쳤다면, 인류 역사는 어떻게 달라졌을까? 그의 사상은 현대까지 영향을 미치지 못했을 것이다. 2,500년 전 한 철학자가 쓴 글이 현대에 이르기까지 지대한 영향을 미친 것은 그의 사상을 추론하여 현실에 적용하고 비판하는, 문해 과정을 거친 까닭이다. 즉, 진정한 문해란 글을 1) 이해하고 더 나아가 2) 추론하고 비판하는 사고 과정이다.

한편 그리스, 로마 시대의 예술가들 또한 플라톤이 남긴 글을 통해 이데아를 이해했다.

'이데아란 완벽한 아름다움이구나!'

예술가들은 지상의 불완전함을 완벽함으로 미화시켜야 했다. 현실에 없는 이상적인 미를 추구했으며 조각, 그림, 신전 등에 황금 비례를 적용했다. 다비드 상, 비너스 상. 팔등신 몸매를 갖춘 소위 '조각미남 미녀'가 이 시대에 탄생했다.

고대 이후 4세기경, 중세 유럽에는 기독교 시대가 도래하면서 인간 중심에서 신 중심으로 세계관이 전향했다. 사람들은 구원을 받기 위해 교회에 전 재산을 기증했고, 기복적인 기도에 몰두했다. 그러나 중세 유럽은 암울했다. 흑사병은 유럽 인구를 절반 가까이 앗아갔고, 종교 전쟁은 150년 넘게 지속되었다. 중세인들은 기독교 신봉에 회의를 느끼기 시작했다. 이는 중세 철학에 대한 비판적 탐구로 이어졌다.

'기독교가 오기 전 세상은 어떠했을까?'

당시 사람들은 성경을 덮고 플라톤의 이데아를 다시 펼치며 탐독하기 시작했다.

'인간은 감정과 이성을 조화시키지 않으면, 온전한 영혼의 평화와 안정을 얻을 수 없다.'

―플라톤

'감성과 이성의 조화라!' 플라톤의 글을 읽고, 중세 사람들은 인간 중심의 아름다움을 추구하는 르네상스 시대를 탄생시켰다. 르네상스는 고대 그리스·로마 문화를 부흥시킴으로써 새 문화를 창출해 내려는 운동이었다. 르네상스 시대를 거론할 때 빼놓을 수 없는 인물이 있다면, 바로 천재 화가 레오나르도 다빈치이다. 그는 고대 예술의 이상적인 인체 비율에 영감을 얻어 사람의 신체 구조에 관해 연구했고, 그 유명한 '인체 비례도'를 완성했다. 더 나아가 다빈치는 뼈, 근육 등 인체 전반에 걸쳐 다수의 해부도를 완성했다. 이는 현대 의학 및 과학 발전에 큰 도움을 주었다.

인간성이 철저히 말살된 암흑기라 일컫는 중세 시대. 사람들은 문제의 돌파구를 찾기 위해 다시 플라톤의 이데아를 탐독했으며, '이 시대가 잃어버린 것은 무엇인가?'라는 질문에 대한 답을 구했다. 중세 시대 두 사람의 대화를 예로 들어본다.

A: 우리 시대 철학에서 인간은 신의 계시나 전능의 테두리 안에 있는 존재이지. (사실적 이해)

B: 맞아. 그런데 이는 인간성을 말살하는 결과를 초래했어. (비판적 이해) 종교를 이용해 새로운 정치 형태가 생겼고, 그러면서 봉건 제도가 생긴 거잖아. 주인과 종의 관계 속에서 농노는 결국 착취당할 수밖에 없어. (추론적 이해)

A: 지금 우리에게 필요한 것은 인간성 회복이야. 해결책이 없을까? (문제 의식)

B: 그럼 중세 시대 이전의 철학을 한 번 살펴보자.

A: 고대 철학자 플라톤에 따르면, 이데아 세계에서 인간은 이성과 감성이 조화롭대. 이러한 조화 상태에 머물 때 인간은 가장 평화롭고 화목하대. (사실적 이해)

B: 우리 시대가 놓친 게 이 부분 아닐까? 모두가 살기 좋은 세상을 위해 우리도 이성과 감성의 조화를 추구해야 해. (추론적 이해)

A: 이성과 감성의 조화라…. 그렇다면 인간의 육체적, 정신적 아름다움을 추구하는 고대 예술과 문학부터 다시 부흥시키자! (추론적 이해)

위의 대화는 글의 내용을 이해하고, 더 나아가 비판과 추론을 통해 시대적 문제를 해결하는 문해 과정을 보여준다. 달리 말하면, 읽기를 통한 창의적 사고가 고대에 거쳐 현대에 이르기까지 문명의 발달에 막대한 영향을 끼쳤음을 시사한다.

고대 철학자 플라톤이 글을 통해 문명을 일으켜 세웠다면, 근대 철학자 칼 마르크스는 글을 통해 세상을 뒤흔들었다. '노동자는 열심히 일하는데, 왜 가난한 걸까?' 노동자에 대한 연민을 품은 마르크스. 그는 모든 사람이 잘사는 방법을 고민했고, 자본주의의 문제점을 비판하기 시작했다.

'노동자는 분업과 기계화로 말미암아 이제 단순한 도구나 부품이 되었고, 매시간 감독하는 관리자, 사용주, 부르주아, 그리고 그 국가의 노예가 되었다.'

— 플라톤

그는 친구 엥겔스와 함께, 1848년 《공산주의 선언》을 통해 자본주의적 착취와 모순을 해결하는 방안으로서 공산주의를 제시한다. 그가 제시한 공산주의는 노동하지 않고 소유하는 부르주아 체제를 없애는, 급진적인 사회 개혁이었다. 그는 타인의 노동을 자신에게 종속시키는 지배 계급의 힘을 박탈해야 한다고 주장하면서, 누구나 평등하게 소유하는 이상적 사회를 추구했다. 더 나아가 1867년 《자본론》을 통해 상품 가격이 어떻게 측정되는지, 판매는 어떻게 이익을 남기는지 자본주의적 생산의 총 과정을 글로 풀어냈다. 그가 쓴 글은 한 세기가 지난 뒤 소련의 레닌을 비롯한 혁명가에게 영향을 끼쳐 공산주의 국가를 탄생케 했다. 그러나 역사는 그의 생각과 다르게 흘러갔다. 그가 붕괴할 것이라 했던 자본주의는 성장했고, 세계를 지배할 것이라 했던 공산주의는 몰락했다. 그렇더라도 그의 비판은 부의 불평등, 노동 착취 등 자본주의의 모순에 관해 문제의식을 불러일으켰다는 점에서 의미가 있다. 의학, 법학, 경제 등 사회 기반 학문이 발전하기 위해서는 기존 지식을 정확하게 이해하고 나아가 비판 및 추론하는 과정이 필수적이다. 이를 기르는 힘은 문해력이다. 따라서 현대 국가에서 가장 중시하는 교육은 국어 교육, 즉 문해력이다.

우리는 어릴 때부터 국어와 읽기 수업을 통해 글 읽는 법을 학습해 왔다. 특히 석유 한 방울 안 나오는 나라에서 교육은 인적 자원을 키우는 동력이며, 교육 과정에서 문해력이 차지하는 비중은 아무리 강조해도 지나치지 않다.[5] 문해를 잘하는 자를 사회에 이로운 사람, 조직에서 유능한 인재로 보는 것은 합당한 이치다. 모든 언어 영역 시험에서 변별력의 핵심은 '비판 및 추론하며 글을 읽을 수 있는가?'에 있다. 상위권에 속하는 점수를 얻기 위해서는 내용 이해에 그치지 않고, 더 나아가 사고하는 읽기가 필수적이다.

이는 교육부에서 제시한 학년별 읽기 교육을 보면 명확히 알 수 있다. (182쪽 표 참고) '내용 확인에 그치는 읽기'는 초등학교 1, 2학년 교육 과정에 해당한다. 초등학교 3, 4학년부터 고등학교 과정에 이르기까지 내용 이해에서 나아가 사실과 의견의 구별, 문제 해결적 읽기

---

5 대입 수학능력 시험에서 언어 영역은 상대평가로 상위 4%까지만 1등급에 해당한다. 반면에 영어 과목에는 절대평가를 적용해 90점 이상일 경우에 모두 1등급에 속한다. 이는 한국어 독해에 대한 변별력을 높이기 위한 평가 방식으로 모국어 문해력이 수험자 능력 평가에 있어 큰 비중을 차지함을 시사한다.

등 사고하는 문해를 학습한다. 성인인 우리가 인식하지 못할 뿐, 정규 교육에서 이미 생각하며 읽는 문해를 배웠다. 그러나 사고하는 문해는 학교 공부 용도, 문제 풀이에 그쳤을 뿐, 독서 하는 삶에 제대로 뿌리내리지 못했다. 이는 사고하는 문해에서 비롯되는 세상에 대한 호기심, 즐거움, 깨달음을 몸소 경험하지 못해서다.

그러다 입사 시험을 준비하고 사회에 발을 내딛으려는 순간, 눈앞이 컴컴해진다. '다음 지문을 통해 추론할 수 있는 사실은? 유추한 내용으로 적합한 것은?' 언어 영역에서 사고력을 요구하는 문제를 접하는 순간 막막하다. 공무원 시험, 기업 채용, 로스쿨 시험. 일생일대의 관문을 통과하는 모든 시험에서 사고하는 문해력으로 내 능력을 평가받는다. 언어 영역 시험의 취지는 응시자가 고도의 사고력을 발휘할 수 있는지 평가하는 데에 있다. 다시 말해, 주체적 사고를 통해 현실을 이해하고 분석하며 문제를 해결하는 능력이 있는지 평가한다. 그렇기에 내용 이해뿐만이 아니라 읽기를 통한 비판, 추론 등 창의적 사고를 평가하는 문항이 출제된다. 아래는 2022년 수능 언어 영역의 문제 유형이다.

지문에 대한 이해를 묻는 유형

1. 윗글의 내용과 일치하지 않은 것은?
2. 윗글에 대한 이해로 가장 적절한 것은?

지문과 다른 글을 연결하여 추론하는 유형

> 3. 다음은 어휘력 발달에서 나타나는 매튜 효과를 도식화한 것이다. 위 지문의 A를 바탕으로 아래 제시된 글의 ㉠, ㉡ 에 대해 이해한 것으로 가장 적절한 것은?
>
> 4. 다음은 이중처분법을 적용할 경우 나타날 결과를 추론한 것이다. A와 B에 들어갈 말을 바르게 짝지은 것은?
>
> 5. 윗글을 바탕으로 추론한 내용으로 적절하지 않은 것은?

지문과 다른 글을 연결하여 비판하는 유형

> 6. (나)의 글쓴이의 관점에서 ㉠, ㉡의 헤겔 이론을 분석한 것으로 적절하지 않은 것은?
>
> 7. 아래의 보기는 지문 (가)에 제시된 북학의 일부이다. (A)와 (나)를 참고하며, 보기에 대해 비판적 읽기를 수행한 학생의 반응으로 적절하지 않은 것은?

학생 대부분은 진정한 문해가 무엇인지 모른다. 게다가 출제 방식을 이해하지 못한 채, 수험을 위해 어휘를 익히고 문제집을 푸는 데에만 급급하다. 그러나 이런 방식은 교육 취지에 맞지 않으며, 문해력 향상에 1도 도움이 되지 않는다.

진정한 문해란 의미를 이해하는 데에서 나아가 사고하는 과정이다. 그렇다면 무엇을 생각하며 읽어야 내용 이해는 물론 비판과 추론, 성찰과 공감으로 이어지는 인문학적 사고를 키울 수 있을까? 문해력의 두 번째 단계 해(解)의 문해법, 생각하며 읽기에 대해 이번 장에서 알아보도록 하자.

무엇을 생각하며 읽어야 할까?

"너는 책을 읽으면서 무슨 생각을 하니?" 지인에게 물으면 대부분 어리둥절한 표정을 짓는다. "내용 이해하기도 힘든데 무슨 생각을 하나요?" 하며 되묻는 경우가 다반사다. 그러나 읽기는 반드시 생각하는 과정을 동반한다. 글이란 글쓴이의 생각, 주장을 담은 것으로, 글을 읽는다는 것은 글쓴이가 무엇을 전하려고 하는지 파악하는, 주체적 사고 과정이기 때문이다. 글을 읽고 아무 생각이 없다면, 이는 읽을 때 아무 생각 없이 읽었기 때문이다.

생각하며 읽지 않으면 글의 뒤꽁무니를 쫓아가기 바쁘다. 책장을 아무리 넘겨도 끝이 보이지 않아 한숨과 하품이 나오는가 하면, 글자가 빽빽한 시험지를 보는 순간 숨이 막힌다. 잘못된 읽기가 손에서 책을 떼어내고 국어나 언어 영역 시험을 포기하게 만든다.

읽기를 스릴러물에 비유해 보자. 글에 끌려갈 것인가? 글을 주도적으로 끌고 갈 것인가? 악당에게 쫓기는 것처럼 글을 읽어서는 안 된다. 영웅이 되어서 악당을 물리친다는 느낌으로 읽어야 글을 제대로 파악하는 흥취를 누릴 수 있다. 그러기 위해서는 글을 읽는 주체로서 능동적으로 생각하는 과정이 필요하다.

그렇다면 다시 질문으로 돌아가서 무슨 생각을 해야 할까? 내가 운영하는 회사에서 한 변호사는 수능 언어 영역에서 상위 1% 내에 해당하는 고득점을 얻었다. 그에게 위와 같은 질문을 던지자 그는 내가 예상한 대로 대답했다.

"아, 저는 글을 읽으면 그냥 글쓴이가 무슨 말을 하려는지 다 알겠던데요."

선천적 문해인은 무슨 생각을 해야 한다는 의식 없이도, 글을 읽는 순간 두뇌가 자동으로 돌아간다.

1. 글의 주제는 이것이구나. 글의 핵심어는 이거구나. 이 단락의 주요 내용은 이것이구나.
2. 이 글은 두괄식 또는 미괄식 구조네.
3. 인과/나열/비교/대조/유추/논증을 통해 글을 전개했네.
4. 이 부분은 나중에 문제로 언급되면서 비판받겠네.
5. 이 부분을 앞 문장과 결합해 새로운 내용을 추론할 수도 있겠네.

선천적 문해인은 글을 읽는 동시에 위의 생각들을 (누가 시키지 않아도) 떠올린다. 달리 말하면, 활발한 사고를 통해 글을 다양한 각도에서 분석하고 단번에 이해한다. 글쓴이의 머릿속에 들어간 듯 글을 꿰뚫어 본다. 그러나 나 같은 후천적 문해인은 의식하지 않고, 노력하지 않으면 글을 읽으면서 위와 같은 생각을 동시에 할 수 없다. 이는 변할 수 없는 진실이니 모두 받아들이자.

　후천적 문해인은 어떻게 해야 할까? 우리는 의식적 노력을 통해 이러한 생각을 인위적으로 해야 한다. 글의 주제 찾기, 구조 이해하기, 전개 방식 파악하기…. 후! 책이나 영상에 수두룩하게 나열된 독해법을 보면 읽기가 더욱 멀게만 느껴진다. 이 많은 걸 동시에 생각하다니. 체크 리스트라도 만들어 검토하며 읽어야 한단 말인가. 머릿속에 쥐가 나고 과부하가 걸릴 듯하다. 하지만 읽는 방식을 바꾼다면, 이러한 부담은 자연스럽게 해결된다.

　글에 대한 폭넓은 분석과 이해는 한 가지 읽기 방식에서 비롯한다. 바로 예측하며 읽기다. 예측하며 읽다 보면 글눈이 점점 떠진다. 처음에는 뒤에 이어질 내용만 추측하다가 점차 문장과 문장, 단락과 단락의 연결을 파악하면서 글의 흐름을 주도적으로 읽게 된다.

　"이건 두괄식 문단이네. 중심 문장이 앞부분에 있구나. 그럼 뒤에서 부연 설명이 이어지겠네."

　"이 문단은 미괄식이네. 글의 요지를 뒷부분에 배치했어. 뒷받침 문장들을 앞에 배열했구나."

　"이 글은 논증적이네. 주장에 대한 근거나 이유를 강하게 내세우고 있어. 독자를 설득하려는 글이야."

　"이 지문은 이야기류의 글이야. 사건이 꼬리에 꼬리를 물고 이어지는 구조네."

예측하며 읽으면 보이지 않던 부분이 보이면서, 글을 다양한 각도로 살피고 이해하는 능력이 절로 길러진다. 한마디로 글눈이 트인다. 글에 돋보기를 들이대고 문장 하나하나 읽다가, 점차 망원경으로 글을 한눈에 내려다보는 안목을 갖게 된다. 다음에는 예측하는 읽기를 바탕으로 사고하는 문해력을 길러보자.

사고하는 문해를 위한 해(解)의 문해법 1
_ 예측하며 읽기

책 속에서 두 사람이 대화를 나누는 대목을 읽다가 다음 문장을 맞이했다. '영옥은 내일 비가 온다고 말했다.' 맥락을 고려하지 않은 채 이 문장에만 붙들려 있다면 어떠할까? 비가 와서 좋다는 건지, 곤란하다는 건지. 글 속 영옥의 의중을 도통 알 리가 없다. '비가 오는구나.' 아무 생각 없이 이 부분을 읽고 넘어간다. 그러나 맥락을 고려하며 읽었다면, 이 문장을 읽고 영옥의 의중은 물론 뒤에 이어질 내용을 예측할 수 있다. 예측하며 읽으면 글의 내용은 물론 구조까지 정확하게 파악한다.

이제 글의 앞부분을 살펴보자.

영옥은 가까운 친구 선희에게 걸려온 전화를 받았다. 선희는 영옥에게 기분이 어떠냐며 들뜬 목소리로 물었다.

"아이고, 우리 신부님, 내일이면 꿈 같은 결혼을 하는데 기분이 어떠신가?"

"그냥, 그래."

영옥의 목소리가 심드렁해 선희는 의아했다. 영옥은 다음 날 호텔 정원에서 결혼식을 올릴 예정이었다. 야외 결혼식을 꿈꿔왔던지라 춥지도 덥지도 않은 5월의 결혼식을 일 년 전부터 손꼽아 왔다. 안 좋은 일이라도 있냐고 선희가 묻자 영옥은 <u>내일 비가 온다고 말했다.</u>

이어질 내용 예측하기

...

'영옥은 내일 비가 온다고 말했다.'에는 내일 날씨에 대한 정보뿐만이 아니라 영옥의 근심이 담겨 있다. 이제 이어질 내용을 예측하는 건 어렵지 않다. "아이구, 그랬구나. 너무 걱정하지 마. 날씨 상관없이 결혼식이 잘 진행되도록 호텔 측에서 대비할 거야." 하며 선희가 영옥의 심정을 헤아리는 내용을 어느 정도 예상할 수 있다. 이처럼 글을 예측하며 읽으면, 문장에 담긴 뜻은 물론 글의 흐름을 파악할 수 있다.

글을 읽다가 헤맬 때가 있다. "방금 내가 무슨 내용을 읽었지?" 하며 앞부분으로 되돌아가 읽는 경우가 허다하다. 왜 그럴까? 아무 생각 없이 머리가 흐릿한 상태로 눈앞의 문장에 끌려가듯 읽었다는 얘기다. 문해란 첫 문장에서 마지막 문장에 이르기까지, 글의 흐름을 따라 의미를 파악해 연결하는 과정이다. 즉, 문해력이 높을수록 예측하며 읽기 때문에 글과 상호 작용하며 적극적으로 내용을 파악할 수 있다. 다음은 어느 책의 첫 문장과 마지막 문장이다.

내 꿈은 기후 위기 문제를 해결하는 것이다. (첫 문장)

(중간 내용 예측하기)

나는 이제 내가 갇혀 있던 작은 상자의 밖으로, 한 걸음 걸어 나가고자 한다. (마지막 문장)

— 《두 번째 지구는 없다》 타일러 라쉬

예측하며 글을 읽는다면, 책의 본문을 전혀 읽지 않고도, 첫 문장에 담긴 정보만으로도 200쪽 분량의 글이 의도하는 바나 흐름을 대략 추측할 수 있다.

(중간 내용 예측하기)
'아, 기후 위기 문제 해결에 관한 내용이구나. 주어가 '내 꿈'이네. 꿈은 실행해서 이루는 거잖아. 그렇다면 필자는 기후 변화의 심각성뿐만 아니라 극복을 위한 구체적인 해결 방안을 제시하겠네. 그 방안이 무엇인지 파악해야겠다.'

이제 마지막 문장을 음미해보자. '상자 밖으로 한 걸음 걸어 나간다.' 첫 문장에서 말한 '꿈'을 이루기 위해 한 걸음 나아가는 필자의 모습이 그려진다. 글을 다 읽지 않더라도, 예상대로 기후 위기 해결을 위한 실천적 방안과 의지가 글 전체에 관통했음을 알 수 있다.

| 글의 구조를 예측하며 읽기

글은 동태적이다. 공처럼 A에서 B로, B에서 C로 움직이고 변화하면서 핵심 내용을 전하려 한다. 읽기를 축구에 비유한다면, 예측하며 읽기란 상대 팀이 (수비)-(미드필드)-(공격수)를 3-4-3 포메이션을 쓰는지, 아니면 4-4-2 포메이션을 쓰는지 파악하는 것과 같다. 경기 시작 전 감독은 상대편의 포메이션을 보고 받으면서 수비 방법을 결정한다. 상대방이 4-4-2를 쓴다면, 윙백의 역할이 중요할 것이기에 수비를 잘해야 한다고 판단하며 대응한다. 경기 흐름을 예측하기는 선수도 마찬가지다. 소속 팀의 포메이션에 따라 패스가 어느 방향에서 자신에게 날아올지 예상된다. 그러면 집중도와 효율성이 높아지면서 경기 흐름을 읽고 몸을 날렵하게 움직이게 된다. 공을 차지하는 것은 물론 주도적으로 패스와 슛을 할 수 있기에 축구의 진정한 묘미를 만끽할 수 있다. 이와 반대로, 포지션에 따른 공의 방향을 예측하지 못하면서 공만 쫓아다니면 어떻게 될까? 경기가 끝나기도 전에 지쳐 헉헉댄다. 두려움에 경기를 즐길 겨를이 없다. 이는 읽기에서도 마찬가지다. 이 글이 어떤 논증 방식으로 진행될지 예측하며 글을 읽어야 흐름을 선명하게 따라가며 읽을 수 있다. 글의 논증 방식에는 여러 가지가 있으나 대표적으로 아래와 같이 분류할 수 있다.

(1) 두괄식 / 미괄식

주제가 앞에 나오는지 뒤에 나오는지에 따라 두괄식, 미괄식 구조가 있다. 두괄식은 글의 앞부분에 주제문이 위치하고, 중심 내용을 뒷받침하는 문장들이 이어지는 구성이다. 미괄식은 이와 반대로 흐른다. 여러 설명을 나열하고 마지막에 주제 문장을 담는다.

· 두괄식 예문 ·

도서관은 그 사회의 필요를 담으며 그 시대가 추구하는 가치를 가장 잘 보여주는 공간이다. 초고속 성장기의 우리 사회는 많은 학습과 빠른 속도가 필요했다. 그런 시대의 도서관은 빽빽한 열람석을 제공했다. 민주주의에 대한 고민이 깊어지는 시대에는 폐가제에서 개가제로 바뀌면서 좀 더 쉽게 더욱더 많은 생각에 다가가게 했으며, 어린이에 관한 관심이 커지면서 어린이도서관도 만들어졌다. 그리고 장애인의 접근권 보장을 위해 입구 경사로나 서가 간격, 화장실 공간과 시설을 변경했다. 이런 일련의 변화가 시대의 가치를 잘 보여준다.

– 〈독서신문〉 2024년 5월

• 미괄식 예문 •

2018년 도로교통법 개정 이후 운전석과 조수석 뿐만 아니라 뒷좌석까지 모두 안전벨트를 착용해야 한다. 이러한 의무를 소홀히 하면 교통사고 발생 시 치사율이 앞 좌석은 2.8배, 뒷좌석은 3.7배까지 상승한다. 안전벨트 착용은 교통사고를 대비하여 우리가 할 수 있는 가장 간단하고 효과적인 예방 조치 중 하나이다.

- 〈헤드라인 제주〉 2024년 5월

(2) 비교

언어 영역 시험 지문에서 가장 많이 쓰이는 구조로, 내용 간에 유사점이나 차이점으로 이루어진다.

• 예문 •

시는 '감정 탐구서'이자 세상 이치를 새롭게 들여다보는 '관찰 기록'입니다. 탐구하고 관찰하며 수집하고 기록하는 일은 시인의 특기이죠. 과학자의 일과 비슷해 보일지도 모릅니다. 다만 시인은 보이지 않는 것, 정답이 없는 것에 골몰한다는 점이 다르겠지요.

- 《쓰는 기분》 박연준

(3) 시간 순서 구조

사건이 진행된 시간을 중심으로 이루어진다. 오늘, 이튿날, 그 후 등 상황이 일어나는 과정을 머릿속으로 그리며 읽어야 한다.

> **• 예문 •**
>
> 지민과 희영은 정오에 영등포에서 만나 점심을 먹으며 근황을 주고받았다. 그러다 노을이 질 무렵, 한강 고수 부지를 거닐기 시작했다. 한참을 걷다가 목이 말라 캔맥주를 마셨다. 두 사람은 강바람을 마주한 채 수다를 떨다가 자정 즈음 헤어졌다.

(4) 인과 구조

원인, 결과의 논리적 인과 관계로 이루어진다. 문제의 원인이 앞에 나오고 그 원인에 의한 결과를 뒤이어 배치한다.

> **• 예문 •**
>
> 혼인 신고를 늦추는 가장 큰 요인으로 지목되는 것은 대출 등에서의 불이익이다. 신혼부부 대출의 경우, 소득 요건에서 부부 합산을 적용하기에 혼인 신고를 하는 것이 오히려 불리하게 작용했다. 이로 인해 부부 소득 기준이 신혼부부에게 일종의 '결혼 페널티'로 작용하고 혼인 신고를 늦추는 등의 부작용으로 이어진다는 지적이 나왔다.
>
> – 〈서울일보〉 2024년 5월

(5) 나열 구조

나열 구조는 주제를 설명하기 위해 자유롭게 생각과 특징을 나열한다. 첫째, 둘째, 셋째 또는 예를 들면, 정리하면 등의 어구를 통해 주제와 관련 내용을 늘어놓는다.

• 예문 •

한국어를 사용하는 사람은 세 유형으로 나뉜다. 첫째는 제1 언어, 즉 모국어로 사용하는 경우이다. 한반도의 주민이 여기에 속한다. 둘째는 제2 언어로 사용하는 경우이다. 중국, 일본, 미국을 비롯한 세계 각 나라에 살면서 그 나라 언어를 제1 언어로 사용하고, 가정 언어, 지역 언어로 한국어를 사용하는 경우이다. …

― 〈경향신문〉 2009년 10월

유능한 축구선수는 소속팀 뿐만 아니라 상대편 포메이션을 파악하면서 뛰므로 경기의 방향을 주도한다. 읽기도 마찬가지다. 글의 유형을 예측하며 읽으면 구조 파악은 물론, 공을 손안에 움켜쥐듯이 핵심을 정확하게 파악한다. 읽어갈수록 읽기가 이렇게 재밌었나! 싶다. 반대로 아무 생각 없이 문장만 따라가면 어떨까? 경기 흐름을 파악하지 못한 채 축구하는 꼴이니 재미가 없다. 행간에서 경로를 이탈해 딴생각에 빠져들기 쉽다.

| 내용 예측하며 읽기

글쓴이는 하나의 주제를 읽는 이에게 전하고자 한다. 문장에서 문장으로, 단락에서 단락으로, 생각이나 주장을 마치 식물이 줄기를 뻗듯이 펼쳐 나간다. 이를 글의 줄기, 문맥(文脈)이라 한다. 문맥을 따라가며 읽으면, 글쓴이의 생각이 이동하는 경로를 파악하게 된다. 예를 들면, '여러 가지 방법들이 있다.'는 문장을 읽고 '다음 문장에서 몇 가지 방법이 나열되겠구나.' 하며 추측할 수 있다. 즉, 앞으로 전개될 내용이나 정보 간의 관계를 파악하면서 읽으므로, 유기적 독해 능력이 향상된다. <u>예측하며 읽기는 글쓴이의 머릿속으로 들어가 읽는 방법으로 글에 대한 사실적 이해를 높인다.</u>

다음은 긴 글의 첫 번째 단락이다.

①고대 그리스 시대의 사람들은 신에 의해 우주가 운행된다고 믿는 결정적 세계관 속에서/ 신에 대한 두려움이나, 신이 야기한다고 생각되는 자연재해, 천체 현상 등에 대한 두려움을 떨치지 못했다. ②에피쿠로스는 당대의 사람들이 이러한 잘못된 믿음에서 벗어나도록 하는 것이 중요하다고 보았고,/ 이를 위해 인간이 행복에 이를 수 있도록 자연학을 바탕으로 자신의 사상을 전개하였다.

위 예문은 철학에 관한 글로 문장이 길고, 내용이 형이상학적이라 이해하기에 쉽지 않다. 이 글을 예측하며 읽어보자.

고대 그리스 시대의 사람들은 신에 의해 우주가 운행된다고 믿는 결정적 세계관 속에서/
→ (예측) '글 속 배경은 고대 그리스이고, 결정적 세계관에 대해 말하려나 봐. 그런데 결정적 세계관이 뭐지? 아, 신이 우주를 다스린

다는 세계관이구나. 알 듯 모를 듯하네. 어렵다. 좀 더 설명이 나오겠지?'

신에 대한 두려움이나, 신이 야기한다고 생각되는 자연재해, 천체 현상 등에 대한 두려움을 떨치지 못했다.
　→ (예측) '예측한 대로 결정적 세계관에 관한 설명이 이어지네. 한마디로 신을 경외했다는 거야. 천둥 번개가 치면, 신이 분노했다고 여겨 벌벌 떨었다는 얘기지. 그다음 무슨 내용이 이어지려나?'

에피쿠로스는 당대의 사람들이 이러한 잘못된 믿음에서 벗어나도록 하는 것이 중요하다고 보았고
　→ (예측) '오! 이 세계관을 부정한 에피쿠로스가 등장했잖아. 그렇다면 이 글은 결정적 세계관에 대해 말하려는 게 아니네. 에피쿠로스가 주장한 내용이 펼쳐지겠구나.'

이를 위해 인간이 행복에 이를 수 있도록 자연학을 바탕으로 자신의 사상을 전개하였다.
　→ (예측) '역시 에피쿠로스가 주장한 내용이 이어지네. 에피쿠로스는 자연학을 바탕으로 사상을 전개했네. 그런데 '인간이 행복에 이를 수 있다'라는 게 무슨 뜻이지? 에피쿠로스 사상의 핵심 내용 같은데 잘 모르겠어. 다음 단락에서 이 부분을 집중 조명하겠지. 인간이 어떻게 행복해진다는 건지 집중해서 읽어보자.'

첫 단락을 예측하며 읽었다면, 글이 어디에 초점을 두고 있는지 파악할 수 있다. 그렇다. 이 글은 결정적 세계관을 부정한 에피쿠로스의 주장에 대해 설명하려는 글이다. 문맥을 통해 신이 우주를 운행한다는 기존의 세계관을 그가 뒤집었음을 알 수 있다. 신 중심에서 사람 중심으로. 그렇다면 이 글은 어떻게 전개될까? 당연히 에피쿠로스의 사상에 대해 자세히 풀어갈 것이다. 두 번째 단락을 살펴보자.

①에피쿠로스는 신의 존재는 인정하나 신의 존재 방식이 인간을 생각하는 것과 다르다고 보고,/ 신은 우주들 사이의 중간 세계에 살며 인간사에 개입하지 않는다는 이신론(理神論)적 관점을 주장한다. ②그는 불사하는 존재인 신은 최고로 행복한 상태이며, 다른 어떤 것에게도 고통을 주지 않고, 모든 고통은 물론 분노와 호의 같은 것으로부터 자유롭다고 말한다./③따라서 에피쿠로스는 인간의 세계가 신에 의해 결정되지 않으며,/ 인간의 행복도 자율적 존재인 인간 자신에 의해 완성된다고 본다.

— 2020년 대학수학능력 평가원 6월 모의고사

에피쿠로스는 신의 존재는 인정하나 신의 존재 방식이 인간을 생각하는 것과 다르다고 보고,

→ (예측) '에피쿠로스도 결정적 세계관을 비판하면서도 신의 존재는 인정했구나. 신이 우주를 다스린다는 기존 세계관은 부정했으나, 신이 존재한다고 믿기는 했네. 그렇다면 신이 대체 어떤 방식으로 존

재한다는 거지? 이어지는 내용에서 궁금증이 풀리겠지.'

신은 우주들 사이의 중간 세계에 살며 인간사에 개입하지 않는다는 이신론(理神論)적 관점을 주장한다.
　→ (예측) '신이 존재하기는 하나, 인간사에 개입하지는 않는다는 거구나. 그럼 인간은 신으로부터 자유로운 존재라는 맥락으로 글이 흘러가지 않을까?'

그는 불사하는 존재인 신은 최고로 행복한 상태이며, 다른 어떤 것에게도 고통을 주지 않고, 모든 고통은 물론 분노와 호의 같은 것으로부터 자유롭다고 말한다.
　→ (예측) '역시 예상이 맞았어. 신은 다른 어떤 것에게도 고통을 주지 않는다고 하네. 신이 인간을 벌하지 않는다는 거잖아. 그러니까 인간은 신으로부터 자유로운 존재라는 말이네.'

따라서 에피쿠로스는 인간의 세계가 신에 의해 결정되지 않으며
　→ (예측) '접속사 '따라서'가 나왔네. 에피쿠로스의 사상을 한 번 결론짓는 내용이 나오겠네.'

인간의 행복도 자율적 존재인 인간 자신에 의해 완성된다고 본다.
　→ (예측) '인간의 행복은 인간 자신에 의해 완성된다는 뜻이네. 인간이 곧 행복의 주체, 삶의 주체야.'

추측한 내용을 확인하며 읽으면, 철학이라는 어려운 주제의 글이라 해도 끌려가지 않고 읽게 된다. 내가 주체가 되어 글쓴이의 머릿속에 들어가 핵심 의도를 파악하게 된다. 글쓴이는 글의 화제인 에피쿠로스의 이신론을 설명하기 위해, 이와 반대 개념인 결정적 세계관으로 글문을 열었다. 개념적 대조를 뚜렷하게 보여줌으로써, 이신론을 명확하게 설명하려 했다. 두 번째 단락에서는 이신론이란 무엇인지 이해시키기 위해 신과 인간의 관계를 설명했다. 이를 통해 결과적으로 인간이 신으로부터 분리된 자율적 존재임을 강조했다.

문장만 줄줄이 따라가며 읽으면, 먼 길을 바닥만 보며 걷는 것과 같다. 내용 파악이 더딜뿐더러 글의 전개를 따라가지 못해 읽기가 지루해진다. 반면 예측하며 읽기는 주변 경관을 살피며 걷는 것과 같다. "여기서부터 오르막길이구나. 단풍이 짙어지네." 하며 산책을 즐기듯, 글을 읽게 된다. 이제 위 예시의 뒷부분인 세 번째 단락과 네 번째 단락도 예측하며 읽어보자. 글쓴이의 머릿속에 들어가 구불구불한 생각의 회로를 따라가는 재미를 만끽하시라.

> 한편 에피쿠로스는 인간의 영혼도 육체와 마찬가지로 미세한 입자로 구성된다고 본다. 영혼은 육체와 함께 생겨나고 육체와 상호작용하며 육체가 상처를 입으면 영혼도 고통을 받는다. 더 나아가 육체가 소멸하면 영혼도 함께 소멸하게 된다. 따라서 인간은 사후에 신의 심판을 받지 않으므로, 살아 있는 동안 인간은 사후에 심판이 있다고 생각하여 두려워할 필요가 없게 된다. 이러한 생각은 인간으로 하여금 죽음에 대

한 모든 두려움에서 벗어나게 하는 근거가 된다.

이러한 에피쿠로스의 자연학은 우주와 인간의 세계에 대한 비결정론적인 이해를 가능하게 한다. 이는 원자의 운동에 관한 에피쿠로스의 설명에서도 명확히 드러난다. 그는 원자들이 수직 낙하 운동이라는 법칙에서 벗어나기도 하며, 비스듬히 떨어지고 충돌해서 튕겨 나가는 우연적인 운동을 한다고 본다. 그리고 우주는 이러한 원자들에 의해 이루어졌으므로, 우리 역시 우연의 산물이라고 본다. 따라서 우주와 인간의 세계에 신의 관여는 없으며, 인간의 삶에서도 신의 섭리는 찾을 수 없다고 한다. 에피쿠로스는 이러한 생각을 인간이 필연성에 얽매이지 않고 자신의 삶을 주체적으로 살아갈 수 있게 하는 자유 의지의 단초로 삼는다.

에피쿠로스는 이를 토대로 자유로운 삶의 근본을 규명하고 인생의 궁극적 목표인 행복으로 이끄는 윤리학을 펼쳐 나간다. 결국 그는 인간이 신의 개입과 우주의 필연성, 사후 세계에 대한 두려움에서 벗어날 수 있도록 했다.

내용을 예상하며 읽다 보면, "오, 글이 제 예측과는 다르게 흘러갔어요." 하며 실망하기도 한다. 그런데 이는 크게 중요하지 않다. 예측하며 읽기의 목적은 정확한 예측이 아니라 주도적 내용 파악에 있다. '아 A라는 내용이 아니고, B라는 내용이 나오네?'라고 깨닫는 것은 글을 더 정확하게 이해하고 기억하는 계기가 된다. 글을 다 읽은 뒤에는 예상과 빗나간 대목이 오히려 더 선명하게 기억에 남는 법이다. 결과보다도 과정 자체에 의의를 두자. '아. 이게 아니었구나.' 하며 새롭게 추측하며 읽어 나가면 그만이다. 인문, 철학, 문학 등 분야를 넓혀 읽으면서 글의 다양한 구성 방식을 접해보자. 그럴수록 예측할 수 있는 범위는 넓어지고 예측률은 올라가기 마련이다. 이는 단시간에 글을 정확하게 파악해야 하는, 수험을 위한 읽기에도 매우 효과적이다.

사고하는 문해를 위한 해(解)의 문해법 2
_ 추임새 넣기

앞서 에피쿠로스의 이원론에 관한 글을 쉽게 이해하기 위해 예측하며 읽어보았다. 이는 후천적 문해인에게는 낯설고 어려운 방법일 수 있다. 머릿속으로 글을 예측하며 읽으려 해도, 어느 순간 이를 망각한 채 내용 쫓아가기에 급급해진다. 특히 난이도가 높거나 긴 글을 마주하면, 길을 잃고 아무 생각이 없어진다. '어, 무슨 내용이었지?' 스스로 반문하다가 처음으로 되돌아가 읽는 경험을 반복한다. 글 속에서 헤매지 않으려면, 시작부터 끝까지 내가 주체가 되어 읽어야 한다.

나는 십 대부터 지금까지 줄곧 고민했다. '내게는 타고난 문해력이 없구나. 글을 읽을 때 내용을 절로 이해하거나 정리하는 게 나는 잘 안 되네.' 쓰라린 자각을 거친 후 내가 주체가 되어 글을 읽는 '인위적 각인 장치'를 고안했다.

일명 추임새 넣기다. 본래 추임새란 판소리에서 장단을 짚는 고수(鼓手)가 창(唱)의 사이사이에 '좋지', '얼씨구' 하며 흥을 돋우기 위해 삽입하는 소리이다. 이를 독해에 적용해 입으로 추임새를 넣으며 글을 읽기 시작했다. 구체적으로 말하자면, 머릿속으로 이해하고 생각한 것을 입으로 소리 내어 말하며 읽었다. 독해에서 추임새란 생각을 강제로 작동시키는 장치라 할 수 있다. 추임새 없이, 후천적 문해인이 사고하며 읽기를 체득하기란 쉽지 않다. 학창 시절 어려운 문제를 풀 때 선생님이 하신 말씀이 떠오른다.

"난해한 문제가 있다면 스스로 가르치듯이 설명하며 문제를 풀어보자."

이 학습 방법은 문제에 대한 집중력과 주체적 사고를 높인다. 이를 읽기에도 적용해보았고, 비로소 추임새를 넣는 읽기 방법을 만들 수 있었다.

이 추임새 내며 읽기의 가장 큰 효용은 글 속에서 내가 길을 잃지 않고 이 글이 무슨 의미인지 이 글의 구조는 무엇인지 작가가 말하고자 하는 바는 무엇인지, 추임새를 내며 스스로 각인할 수 있기에 글을 정확하고 빠르게 읽을 수 있다는 것이다. 이는 추임새를 내며 읽으며 그 내용이 머릿속에 각인되기 때문이다. 만약 추임새를 하지 않고 글 속에서 길을 잃는다면, 한 문장을 여러 번 반복해서 읽고 글을 다 읽은 후에도 그 내용이 머릿속에 하나도 남지 않는, 하고 싶지 않은 경험을 하게 될 것이다.

추임새의 목적은 크게 네 가지로 나눌 수 있다. 첫 번째 사실적 내용 이해를 위한 추임새, 두 번째 내용 예측을 위한 추임새, 세 번째 새로운 사실을 추론하기 위한 추임새, 네 번째는 내용의 타당성을 비판하기 위한 추임새이다. 천 리 길도 한 걸음부터라고 이 모든 과정을 단번에 소화할 수는 없다. 먼저 내용 이해와 예측을 위한 추임새부터 연습해보자.

내용 이해를 위한 추임새

· 예시 · "이 글의 키워드는 이거구나. 이 문장의 의미는 이거구나. 그래서 필자가 말하고자 하는 바는 이거구나."

예측을 위한 추임새

· 예시 · "어! 접속사 '그러나'가 나왔네. 앞 문단과 대조되는 내용이 나오겠다. 이 주제는 과거뿐만이 아니라 현대 사회에서도 화제가 될 수 있겠어. 뒤에 추가적인 설명이 이어지겠군."

아래는 지방자치단체의 정책 결정 과정에 관한 글이다. 추임새를 통해 내용을 머릿속으로 의미화하고, 더 나아가 어떤 내용이 이어질지 예측하는 과정을 입 밖으로 말해 보자. 이러한 의식적 추임새 훈련을 반복하다 보면 자연스럽게 이해하고 사고하며 읽게 된다.

> ①현대 사회가 다원화되면서 중앙 정부는 물론, 지방자치단체 또한 정책 결정 과정에서/ 능률성과 효과성을 우선시하는 경향이 커져 왔다. ② 이로 인해 전문적인 행정 담당자를 중심으로 한 정책 결정이 빈번해지고 있다. ③ 그러나 지방자치단체의 정책 결정은 지역 주민의 의사와 무관하거나 배치되어서는 안 된다는 점에서/ 이러한 정책 결정은 지역 주민의 의사에 보다 부합하는 방향으로 보완할 필요가 있다.
>
> — 2015학년도 대학수학능력시험 9월 모의평가 문제

① 현대 사회가 다원화되면서 중앙 정부는 물론, 지방 자치 단체 또한 정책 결정 과정에서

→ [추임새] "옳거니. 문장 뒷부분에 글의 화두가 있네. 지자체의 정책 결정 과정! 이것에 관한 글이구나."

능률성과 효과성을 우선시하는 경향이 커져 왔다.

→ [추임새] "지자체 정책 결정 과정에서 중시하는 게 여러 가지가 있는데, 형평성, 공정성보다는 능률, 효과에 대해 살펴보겠구나."

② 이로 인해 전문적인 행정 담당자를 중심으로 한 정책 결정이 빈번

해지고 있다.

→ [추임새] "그렇구나! 행정 담당자 중심으로 지자체 정책 결정이 이루어지는구나. 그런데 이런 방식이 어떻다는 거지?"

③ 그러나 지방자치단체의 정책 결정은 지역 주민의 의사와 무관하거나 배치되어서는 안 된다는 점에서/

→ [추임새] "'그러나'가 등장했네. 글의 흐름이 바뀌겠어. 문제를 제기하겠군. 기존에 능률성과 효율성을 우선시하는 방식으로는 지역 주민의 의사가 제대로 반영되지 않았다는 거네. 그럼 이를 어떻게 해결해야 할지 뒤에서 나오겠네."

이러한 정책 결정은 지역 주민의 의사에 보다 부합하는 방향으로 보완할 필요가 있다.

→ [추임새] "그렇지, 예상대로야. 능률성과 효율성도 중요하지만, 주민 의사에 보다 부합하는 방향으로 보완해야 한다는 얘기네."

추임새를 소리 내다 보면, 글의 내용에 대한 이해와 더 나아가 글의 흐름을 짐작하는 데에 더욱 집중하게 된다. 머릿속과 눈과 입과 귀까지 동원하며 내용 파악에 몰두하게 된다. 글의 초점과 문맥을 정확하게 집어내면서 글 속에서 방향을 읽지 않는다. 이제 다음 단락으로 넘어가보자.

> ① 행정 담당자 주도로 이루어지는 정책 결정의 문제점을 극복하기 위해 그동안 지방 자치 단체 자체의 개선 노력이 없었던 것은 아니다. ② 지역 주민의 요구를 수용하기 위해 도입한 '민간화'와 '경영화'가 있다. ③ 이 둘은 행정 담당자 주도의 정책 결정을 보완하기 위해 …(중략)… 점에서는 공통되지만, 운영 방식에는 차이가 있다.

① 행정 담당자 주도로 이루어지는 정책 결정의 문제점을 극복하기 위해 그동안 지방 자치 단체 자체의 개선 노력이 없었던 것은 아니다.

→ [추임새] "개선 노력이 없었던 것은 아니다…. 개선하려고 하긴 했는데, 뭔가 부족했나 보네. 개선책이 무엇인지, 뭔가 부족했는지 나오겠군."

② 지역 주민의 요구를 수용하기 위해 도입한 '민간화'와 '경영화'가 있다.

→ [추임새] "아, 민간화와 경영화. 이 두 가지가 개선책이구나. 이제 두 가지를 구체적으로 설명하고 그 차이점도 말할 것 같네. 그런데 이 두 가지는 문제가 없을까? 그 부분도 나올 것 같아."

③ 이 둘은 행정 담당자 주도의 정책 결정을 보완하기 위해 …(중략)… …점에서는 공통되지만, 운영 방식에는 차이가 있다.

→ [추임새] "역시 민간화와 경영화. 이 둘의 운영 방식이 어떻게 다른지 비교하면서 설명하고 있네."

추임새는 생각을 입으로 설명하고 연결하면서 읽는 방식이다. 생각하고 예측하는 방식을 입으로 말하며 의식적으로 생각을 이어가 보자. 다음은 위 예문에 이어지는 단락이다. 소리 내어 추임새를 넣어가면서 예측하며 읽어보자. 다 읽고 난 후 글쓴이가 이 글을 통해 무엇을 전하려고 했는지, 요지 전달을 위해 어떤 논증을 펼쳤는지 생각해보자.

> 민간화는 …(중략) 공청회에 주민들이 참여하는 등의 방식으로 주민들의 요구를 반영하는 것이다. 하지만 민간화를 통해 수용되는 주민들의 요구는 제한적이므로 전체 주민의 이익이 반영되지 못하는 경우가 많고, …(중략)… 한다는 한계가 있다. 경영화는 민간화와는 달리 지방 자치 단체가 자체적으로 민간 기업의 운영 방식을 도입하는 것을 말한다. …(중략)… 외부의 적극적인 견제가 없으면, 기존 관행에 따라 업무를 처리하는 경향이 나타나기도 한다.
> 이러한 한계를 해소하고 지방자치 단체의 정책 결정 과정에서 지역 주민 전체의 의견을 보다 적극적으로 반영하기 위해 주민 참여 제도의 활성화가 요구된다. …(중략)… 주민 소환, 주민 발안 등의 직접 민주주의 제도를 활성화하는 방향으로 주민 참여 제도가 전환될 필요가 있다.
> 직접 민주주의 제도의 활성화를 통해 지역 주민들이 직접적으로 정책

> 안정적으로 이루어질 수 있다. 또한 …(중략)… 아울러 주민들의 직접적 참여를 통해 정책에 대한 지지와 신뢰가 높아짐으로써 정책 집행에 적극적으로 협조하는 경향이 커지게 될 것이다.

이 글에서 글쓴이는 궁극적으로 직접 민주주의 제도의 활성화를 촉구한다. 자신의 주장을 뒷받침하기 위해 지자체 정책 결정 과정이 지닌 문제를 제기하며 글을 열었다. 구체적으로 민간화와 경영화를 비교하면서 이 두 가지가 지닌 한계를 설명했다. 이를 통해 독자가 '아, 그래서 제도 보완이 필요하구나.' 하는 인식의 변화를 유도했다.

글을 제대로 읽으려면 내용 파악에 그치지 않고, 주어진 내용을 바탕으로 새로운 내용을 미루어 생각할 수 있어야 한다. 그러나 대부분은 글을 이해하는 데에 정신을 쏟느라 추론하는 읽기에 대한 개념 자체를 갖고 있지 않다. 문해력을 증진하려면 추론 및 비판하며 읽기는 필수이며, 이것이 인위적 추임새라는 강제적 장치를 동원해 읽어야 하는 이유이다.

| 주어진 내용을 통해 새로운 사실을 추론하기 위한 추임새

"너는 글을 어떻게 읽니?"
지인에게 물었을 때 대답하는 이는 거의 없다. 그냥 읽는 거지. 어

떻게 읽다니. 방법이 따로 있나? 라고 되묻는다. 독해는 내용을 이해하며 사고하는 지적 행위로, 이 일련의 논리적인 절차를 실행하기 위해서는 방법이라는 게 존재하기 마련이다.

언어 영재의 머릿속에서는 그 방법이 자동으로 작동되지만, 우리 대부분은 언어적 두뇌를 갖고 태어나지 않았기에 아무 생각 없이 글자라는 껍데기를 읽을 뿐이다. 이러한 독해는 노동이자 고역이며, 시험에서는 반타작보다도 못한 결과를 초래한다. (나의 경험이 이를 증명한다.) 제대로 읽고 사고하는 독해법을 익히려면, 글자 앞에서 추임새 의식을 치러야 한다. 그래야 실질적 문맹인에서 후천적 문해인으로 진화할 수 있다. 아무 생각없이 글을 읽으면 아무 생각도 남지 않는다.

추임새를 통해 1) 내용 파악과 2) 예측하기에 익숙해지면, 한 단계 나아가 글을 추론하며 읽을 수 있다. 추론이란, 글의 내용을 근거에 미루어 생각하는 것으로, 글쓴이가 직접적으로 드러내지 않은 함의나 의도를 집어낼 수 있다. 아래 예문을 살펴보자.

> 작가는 반나절 남짓 대화하면서 '여류 작가'라는 표현을 자주 썼다. 이를 들은 필자는 속으로 화가 났다.

· 추론하는 추임새 ·

A : "왜 필자는 '여류(女流) 작가'라는 표현에 화가 났을까? 여기서 류(流)는 '흐르다'는 의미잖아. '지류(支流)' 할 때 '류' 말이야. 지류란 원줄기에서 갈라져 나온 물줄기를 일컫지. 그러니까 '류'란 일시적인, 작은

흐름이라는 뜻을 내포하는 거지."

A´: "남자가 주류인 분야에 여성이 잠시 활동한다는 것으로, 남성 위주의 기성적 사고에서 나온 표현이구나. 필자는 그걸 꼬집고 싶은 거야."

추론하며 읽으면, 글의 내용(A)을 근거 삼아 새로운 사실이나 판단(A´)을 도출할 수 있다. 아래는 칸트의 법규범 명제에 관한 글의 앞부분이다.

윤리 규범과 법 규범은 인간에게 요구되는 행위가 무엇인지를 단순히 기술하는 것이 아니라 그러한 행위로 나아갈 것을 지시하는 규정적 성격을 지닌다는 점에서 유사하다. 하지만 보다 구체적인 측면에서는 양자가 서로 명확하게 구별되는 특징을 지니는 것도 사실이다.

칸트는 이 점을 매우 분명한 형태로 지적하고 있다. 그의 설명에 따르면 (A) 법 규범은 윤리 규범과 달리 행위의 외적인 측면에 대해서만 관여할 뿐, 행위자가 어떤 심정에서 그러한 행위로 나아간 것인지에 대해서는 상관하지 않는다. 법은 결국 모든 사람이 공존하는 가운데 각자의 의지가 자유로이 표출될 수 있게 보장하기 위한 외적인 형식에 관심이 있을 뿐이다.

— 2022년 법학적성시험 언어이해 지문

예문을 읽고, A 문장에 대해 추임새를 넣어가며 추론해 보자.

• 추론하는 추임새 •

A : "법 규범은 윤리 규범과 달리 행위의 외적인 측면에 대해서만 관여할 뿐, 행위자가 어떤 심정에서 그러한 행위로 나아간 것인지에 대해서는 상관하지 않는다."

A′ : "법 규범은 행위의 외적인 측면에 대해서만 관여한다고 했잖아. 여기서 외적인 측면이라는 게 뭘까? 그 행위가 상대에게 실질적 피해를 주었나 아닌가를 살펴본다는 거겠지. 즉, 외적으로 드러나는 결과가 중요하다는 거야. 예를 들어, 상대에게 앙심을 품고 접근했어도 그것이 물리적, 정신적 피해를 주지 않았다면 법의 테두리 안에서는 괜찮다는 거야. 즉, 준법정신을 높이는 것과 도덕성을 기르는 것은 별개의 문제야."

내용의 타당성을 비판하기 위한 추임새

글쓴이는 글에 생각이나 주장, 경험에 대한 해석을 담는다. 사실을 바탕으로 쓴 글이라 해도 한 사람의 시선이 담겼기에, 글은 주관적일 수밖에 없다. 그렇기에 글 속에서 때로 그릇된 주장이나 잘못된 내용이 제시됨에도 읽는 사람은 내용 이해에 정신을 쏟느라 이를 무조건 수용한다. 그러나 이러한 글 읽기는 올바르지 않다. <u>글을 읽을 때는</u>

글쓴이의 관점에서 벗어나 사실인지 의견인지, 논리적으로 타당한지, 비약이나 편향은 없는지 살펴야 한다.

읽기의 궁극적 목적은 타인의 관점을 접하는 데에 그치지 않는다. 비판적 읽기를 통해 타인의 관점을 균형 잡힌 사고로 해석하며, 그 과정에서 내 생각을 짓고 의식을 확장할 수 있다. 각종 언어 영역 시험에서도 비판하며 읽을 수 있는지 평가하는 문항이 반드시 출제되며, 이는 상위권과 그 외 학생을 가르는 킬러 문항이 된다. 이제 비판하는 추임새를 넣어 아래 비평문을 읽어보자.

> 민속춤과 예술로서의 춤 행위를 구별하지 못하고 있는 것은 무용계 내의 문제도 크지만 예술인들에게서도 흔히 보게 된다. 최근 유명 문학 평론가나 시인의, 민속춤이 무엇이고 예술춤이 무엇인지를 혼동한 글을 읽고는, 그것이 너무나 일차적인 오해이기 때문에 실소를 흘리지 않을 수 없었다. 적어도 남의 분야에 대해 비평적 글로 참가할 땐 최소한의 상식을 갖추어야 한다는 요구를 하고 싶다.

· 비판하는 추임새 ·

"필자는 무엇을 비판하는 거지? 민속춤이 무엇이고 예술춤이 무엇인지 혼동한 글에 대해 비판하는구나. 그런데 본인이 '혼동'이라고 판단하면서, 자신 스스로 명확한 근거를 서술하지 않았어. 무슨 내용을 읽었길래 민속춤과 예술로서의 춤 행위를 구분하지 못했다는 거지? 구체적 사실을 서술한 다음, 비판이 이루어져야 하는데, 필자는 비판만 앞세우고 있네."

이러한 추임새 읽기는 속으로 말을 하며 사고하는 읽기 방식이다. 그 과정에서 부가적으로, 글자를 속으로 발음하며 읽는 습관을 없애는 데에도 매우 효과적이다.

2022 개정교육과정 - 국어교육과정

범주		내용 요소			
		초등학교			중학교
		1~2학년	3~4학년	5~6학년	1~3학년
지식·이해	읽기 맥락		• 상황 맥락	• 상황 맥락 • 사회·문화적 맥락	
	글의 유형	• 친숙한 화제의 글 • 설명과 대상과 주제가 명시적인 글 • 생각이나 감정이 명시적으로 제시된 글	• 친숙한 화제의 글 • 설명과 대상과 주제가 명시적인 글 • 주장, 이유, 근거가 명시적인 글 • 생각이나 감정이 명시적으로 제시된 글	• 일상적 화제나 사회·문화적 화제의 글 • 다양한 설명과 방법을 활용하여 주제를 제시한 글 • 주장이 명시적이고 다양한 이유와 근거가 제시된 글 • 생각이나 감정이 함축적으로 제시된 글	• 인문, 예술, 사회, 문화, 과학, 기술 등 다양한 분야의 글 • 다양한 설명 방법을 활용하여 주제를 제시한 글 • 다양한 논증 방법을 활용하여 주장을 제시한 글 • 생각과 감정이 함축적이고 복합적으로 제시된 글
과정·기능	읽기의 기초	• 글자, 단어 읽기 • 문장, 짧은 글 소리 내어 읽기	• 유창하게 읽기		
	내용 확인과 추론	• 글의 중심 내용 확인하기 • 인물의 마음이나 생각 짐작하기	• 중심 생각 파악하기 • 내용 파악하기 • 단어의 의미나 내용 예측하기	• 글의 구조 파악하기 • 글의 주장이나 주제 파악하기 • 글의 구조 고려하여 내용 요약하기 • 생략된 내용과 함축된 의미 추론하기	• 설명 방법과 논증방법 파악하기 • 글의 관점이나 주제 파악하기 • 읽기 목적과 글의 구조를 고려하여 내용 요약하기 • 드러나지 않은 의도나 관점 추론하기
	평가와 창의	• 인물과 자신의 마음이나 생각 비교하기	• 사실과 의견 구별하기 • 글이나 자료의 출처 신뢰성 평가하기 • 필자와 자신의 의견 비교하기	• 글이나 자료의 내용과 표현 평가하기 • 다양한 글이나 자료 읽기를 통해 문제 해결하기	• 복합 양식의 글·자료의 내용과 표현 평가하기 • 설명 방법과 논증 방법의 타당성 평가하기 • 동일 화제에 대한 주제 통합적 읽기 • 진로나 관심 분야에 대한 주제 통합적 읽기 • 진로나 관심 분야에 대한 자기 선택적 읽기
	점검과 조정		• 읽기 과정과 전략에 대해 점검·조정하기		
가치·태도		• 읽기에 대한 흥미	• 읽기의 효능감	• 긍정적 읽기 동기 • 읽기에 적극적 참여	• 읽기에 대한 성찰 • 사회적 독서 문화 형성

5장 문해력을 방해하는 최악의 습관, 속 발음

속 발음 읽기에 대한 착각

"소리 내어 읽으면 안 좋은 건가요?"

"저는 음성적으로 읽어야 글을 제대로 읽을 수 읽는데, 이런 습관을 꼭 고쳐야 하는 건가요?"

강의하다 보면 소리 내어 읽기에 대해 질문을 자주 받는다. 문장을 입속말로 중얼거려야 읽기가 잘 된다는 사람이 주변에 은근 있다. 왜 그렇게 생각하는지 이유가 궁금했다. 먼저 아래 예문을 입속말로 천천히 읽어보자.

에릭 클라이넨버그는 책 《도시는 어떻게 삶을 바꾸는가》에서 도시 속에 공공도서관을 비롯한 다양한 사회적 인프라가 어떻게 민주주의를 수호하고 경제 성장에도 일조하는가를 이야기한다. 그러면서 다수의 주민, 특히 취약 계층의 피신처로 사람이 모이고 소통하는 공간으로서의 중요성을 언급하는데, 그것은 주어진 공간 자체가 그들에게 신뢰를 표시한다는 것이다. 그런 의미에서, 공공의 공간으로서 가장 안전하고, 나와 다른 사람들과 의미 있는 관계를 형성할 수 있으며, 실존적 위협에 직면한 삶을 지탱할 수 있는 공간, 그리고 함께 배우고 성장하며 서로의 성장을 목격할 수 있는 공간. 이 모든 일이 이루어지는 공간이 바로 공공도서관이다.

_ 〈독서신문〉 2024.5

위의 글을 천천히 발음하며 읽을 때 어떤 효과가 있을까? 시간적으로나, 심리적으로나 여유롭다. 입안에서 글자를 하나하나 발음하며 읽는 동안, 의미를 인식하는 시간을 인위적으로 벌 수 있어서다. 또한 발음하면서 읽으면 스스로 생각하는 속도를 조정할 수도 있다. 그러다 보면 내용을 다 이해한 듯한, 거짓된 심리적 안정감을 느끼기도 한다.

그런데 A4 열 장 분량의 글을 같은 방법으로 읽는다면 어떨까? 결국엔 읽다가 지치고 만다. 단어마다 일일이 소리 내어 읽으면 적잖은 시간을 소모할뿐더러 혀를 움직여 발음하는 데에 힘을 쏟느라 글에 대한 이해와 사고를 하지 못한다.

어린아이를 둔 아빠라면, 자녀에게 책을 읽어줄 때 이와 비슷한 경험을 한다. 아빠는 내용에 집중하지 못한 채 입술만 움직여 말하기에 바쁘다. 몇 권을 읽더라도 정작 머릿속에 아무 내용도 남지 않는다. 비슷한 예로 초등학교 시절을 떠올려보자.

"자, 삼 분단 첫째 줄 일어나서 35쪽을 읽어봐."

국어 선생님께 지목되어 소리 내어 읽을 때, 발음이나 목소리 크기를 신경 쓰느라 내용이 머릿속에 제대로 들어오질 않는다. 그러니 읽은 내용을 바탕으로 추론하고 비판하는 건 불가능한 일이다.

한마디로 입으로 글자를 읽거나 속으로 발음하는 읽기는 독해 효율을 떨어뜨린다. 눈으로, 입으로, 귀로 글자를 감각하는 것은 짧은 글을 읽는 초등학교 저학년 단계에서 멈추어야 했다. 그러나 소리 내어 읽기에서 의미적 이해 단계로 진화하지 못한 채, 원초적 읽기에 머문 상태로 시간만 흘려보낸 경우가 대부분이다. 그러니 성인이 되어도 읽기는 제자리 상태다. 긴 지문을 마주할 때마다 눈앞이 깜깜해진다. 세상 돌아가는 걸 알려고 인터넷 신문과 책을 읽지만, 이해가 어려워 글자를 점점 두려워하게 된다. 원초적 읽기 방법인 소리 내어 읽기가 결국에는 읽기와 나를 멀어지게 만들다니. 얼마나 모순적인가.

소리 내어 읽는 습관을 고치려면, 먼저 자신이 어떤 방식으로 글을 읽는지 파악할 필요가 있다. 어느 날 문해력 관련 수업을 고등학교 강당에서 진행했다. 학생들에게 질문 하나를 던졌다.

"글을 입으로 읽거나 마음속으로 발음하며 읽는 사람은 손을 들어보세요."

예상과는 다르게 한두 명만 손을 들었다. 속으로 발음하며 읽는다는 것이 뭔지 모르거나 이를 의식하지 못해 학생 대부분이 손을 들지 않았다. 그래서 예시글 한 편을 각자 읽어보도록 한 후, 글을 속으로 발음하며 읽었는지 아닌지 다시 물어보았다. 놀랍게도 처음과 달리 학생 대부분이 손을 들었다.

"책을 읽고 나서 내용이 기억이 나질 않아요."

"국어 시험을 볼 때 늘 시간이 부족해요."

"처음에는 잘 이해되다가 점점 무슨 내용인지 모르겠어요."

"어느 순간 흰색 백지에 검은색 글자만 보이고, 내용이 이해가 안 돼요."

읽기가 점점 어려워진다면, 껍데기에 불과한 글자를 입속말로 읽는 데에 열을 올리고 있기 때문이다. 문해력을 높이고자 한다면, 근본부터 되짚어 볼 일이다.

"저는 속으로 발음하는 속도가 매우 빠르거든요. 입속말로 읽어도 내용을 빠르게 파악할 수 있어요." 강의하다 보면 속 발음 읽기를 옹호하는 청중을 만나기도 한다. 발음하는 속도를 높여서 읽는 것은 의미 이해에 얼마나 효과적일까? <u>속으로 발음하며 읽는 속도가 빠르다면, 내용 파악에 아무런 문제가 없을까?</u>

래퍼 아웃사이더의 〈외톨이〉를 예로 들어본다. 랩 〈외톨이〉는 속사포 쏘아대는 듯한 스피드랩으로 유명한데 출시되었을 때부터 파장을 일으켰다. 어떻게 사람이 이렇게 빠르게 입으로 랩을 할 수 있냐며 모두가 놀랐다. 아무리 속 발음에 능하다 해도, 래퍼 아웃사이더 보다 빠르게 가사를 읊기란 불가능해 보인다.

아래는 〈외톨이〉 가사의 일부이다. 가사의 문장을 의미화하며 읽는 것과 입으로 랩 하듯 빠르게 중얼거리며 읽는 것을 비교해보자. 속도뿐만 아니라 랩의 내용을 정확하게 이해했는지도 비교해야 한다.

상처를 치료해줄 사람 어디 없나

가만히 놔두다간 끊임없이 덧나

사랑도 사람도 너무나도 겁나

혼자인 게 무서워 난 잊혀질까 두려워

언제나 외톨이 맘의 문을 닫고

슬픔을 등에 지고 살아가는 바보

두 눈을 감고 두 귀를 막고

캄캄한 어둠 속에 내 자신을 가둬

365일 1년 내내

방황하는 내 영혼의 조작 키를 잡은 Jack Sparrow

몰아치는 Hurricane 졸라매는 허리 끝에

방향감을 상실하고 길을 잃은 소리꾼

내 안에 숨어 있는 또 다른 나와 싸워

그녀가 떠나갈 때 내게 말했었지

너는 곁에 있어도 있는 게 아닌 것 같다고

만지면 베어버리는 칼날 같은 사람

심장이 얼어붙은 차가웠던 사랑

그래 1분 1초가 사는 게 사는 게 아냐

매일 매일이 너무나 두려워

M'aider 누가 날 좀 꺼내줘

래퍼처럼 빠르게 속으로 발음하는 동안 내용을 이해했는지 스스로 물어보자. 내 물음에 대부분은 '외톨이에 관한 내용이네요.'라고 답하고 만다. 가사를 따라 하기 위해 힘을 쏟느라 머릿속에 남는 내용이 없다. 아무리 빠르게 소리 내어 읽었다 하더라도, 의미화가 제대로 되지 않았다면 잘못된 읽기이다.

이번에는 방법을 바꾸어 다시 읽어보자. 속으로 발음하지 말고, 가사를 장면으로 떠올리며 의미화해보자. 가사를 제대로 읽었다면 무엇이 떠올랐을까? 방에 혼자 놓인 한 사람의 모습이 선명하게 그려진다. 그는 상처를 입었고, 그를 치료해줄 사람은 아무도 없다. 시간이 지난 상처는 덧나 진물이 생기고, 혼자인 게 점점 무서운 상황이 머릿속에 떠올라야 한다.

즉, 래퍼처럼 빠르게 읽어도 내 머릿속에 남지 않았다면 제대로 된 독해가 아니다. 글을 읽고 내용을 장면으로 떠올릴 수 있어야, 글의 의미를 실질적으로 이해했다고 볼 수 있다. <u>속으로 발음하며 읽는 습관을 없애지 못하면 문해력은 단 한 걸음도 나아갈 수 없다.</u>

속 발음 읽기의 원인과 부작용

입으로 말하며 글을 읽거나 속으로 발음하며 읽는 습관은 초등학교 교육에서 비롯됐다. 어린이는 글자를 온몸으로 익힌다. 글자를 눈으로 보고 손에 연필을 쥐고 쓴다. 입으로 말하고 동시에 귀로 듣는다. 국어 시간에 글을 소리 내어 발음하는 건 언어를 익히고 의사소통 능력을 키우는 데에 있어 필수적이다. 다만 이런 학습은 초등학교

1, 2학년 때까지만 적합하다.[6] 고학년이 되면서 글이 길어지고 독해 난이도가 올라간다. 그에 따라 음성적 읽기를 떼고 의미적 읽기로 나아가야 하는데, 안타깝게도 우리는 그 누구도 '의미화 읽기'라는 독해 교육을 받은 적이 없다. 한국인이라면 당연히 한국어를 잘 읽는다는 생각에 누구도 글 읽는 법을 가르쳐주지 않았다.

짧은 분량의 글에서 장편 소설로, 인문서에서 사회 경제서로 읽는 글의 범위가 다양해지고 분량이 늘어남에 따라, 속으로 음절 하나하나 발음하는 것은 점점 그 한계에 봉착하게 된다. 부가적으로 소리 내어 읽기는 글자에 대한 흥미를 떨어뜨린다. 책을 재밌게 읽으려면 글 속으로 빨려 들어가야 하는데, 입속말로 한 글자 한 글자 읽으면 도입부를 지나 본론으로 진입하기까지 한참 걸린다. 전개가 느린 드라마를 볼 때처럼 하품이 나오고 눈이 감긴다.

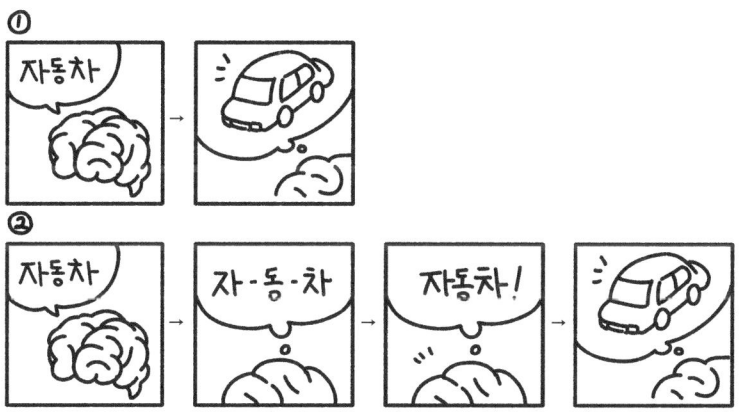

---

6   교육부가 제공한 2022 개정교육과정 국어교육과정에 따르면, 소리 내어 읽기는 초등학교 1, 2학년까지 해당하는 학습 내용이다. 학년이 올라갈수록, 중심 생각 파악, 사실과 의견의 구별, 논증 방법 파악 등 독해 방법이 고도화된다.

소리 내어 읽기의 더 큰 문제는 긴 글을 독해하는 데 있어 효능이 매우 낮다는 점이다. 아래 구호나 속담처럼 간단한 문구는 입속말로 읽어도 의미를 이해하는 데에 전혀 문제가 되지 않는다.

회사의 이익이 곧 나의 이익이다.
우리 강산 푸르게 푸르게
낮말은 새가 듣고 밤말은 쥐가 듣는다.

얇은 동화책, 기승전결이 분명한 500자 이내의 글도 마찬가지다. 글자 수가 많지 않기에 속 발음하며 읽어도 내용을 이해하는 데에 크게 문제는 없다. 그러나 글이 길어지고 독해 난이도가 높아짐에 따라 속 발음 읽기의 효능은 한계에 다다른다. <u>진정한 문해를 위해서는 글자를 읽으면서 의미적 연결을 파악하는 고도의 사고가 이루어져야 한다. 속으로 발음하며 책을 읽으면 의미를 사고하며 연결할 여력이 없다.</u>

쉽게 설명하자면, 우리가 입으로 노래를 부르면서, 내일 볼 시험을 생각할 수 없는 것과 같다. 그러니 '눈앞에 보이는 발음 먼저, 생각은 나중'이라는 본능적인 절차를 거칠 수밖에 없다. 아래 문장을 속으로 발음하며 읽어보자.

나방은 자신에게 주어진 네모칸 귀퉁이로 열심히 날아가서 잠시 머물다가 다른 귀퉁이로 날아갔다. 그다음에는 무슨 일을 할 수 있을까?

> 세 번째 귀퉁이, 네 번째 귀퉁이로 날아가는 일밖에는. 초원은 넓고 하늘은 광활한데, 저 멀리 집들에서 연기가 피어오르는데, 먼 바다에서는 이따금 증기선의 낭만적인 소리가 들려오는데, 나방이 할 수 있는 일이라곤 그것밖에 없었다. 그리고 그는 자신이 할 수 있는 일을 한다.
>
> _《나방의 죽음》 버지니아 울프

이 글에서 나방은 어떤 존재인가? 창틀에 갇힌 나방은 창밖 풍경과 비교된다. 나방은 초원과 하늘과 바다와 대비되는, 창틀에서 벗어나기 위해 귀퉁이 이쪽저쪽에 몸에 붙였다 뗐다 하는 존재다. 작가는 전한다. 우리의 삶은 나방처럼 작고 사소한 것이라고, 그래서 애처롭다고. 그러나 이 글을 눈앞의 음절이나 단어를 읊조리며 읽었다면, 창밖의 풍경과 나방이 대조되는 광경을 단박에 떠올리기는 어렵다. 작가가 나방을 통해 우리에게 전달하려고 하는 삶의 애잔한 속성을 파악하는 게 쉽지 않다.

글을 읽는 데에 100이라는 에너지가 든다고 가정해보자. 음성적으로 읽는다면, 글자를 발음하는 데에 에너지를 7할 가까이 소모하고, 내용을 의미화하는 데에는 고작 3할만 쓰게 된다. 소리 내어 읽기가 근본적으로 나쁜 건 아니지만, 독해를 위한 도구 사용에는 에너지의 7할을 쓰면서, 목적인 의미 파악에는 3할만 쓰는 건 문해력에 치명적이다. 결국 소리 내어 읽기는 1만큼의 장점과 99만큼의 단점을 지녔기에 문해력 상승을 절대 이끌지 못한다.

"글자를 소리 내며 읽나요?"라는 물음에 많은 이들이 "어… 아니요."라고 답하지만, 우리 대부분은 글자 앞에서 자신도 모르게 입술을 달싹인다. '큰소리로 또박또박'이라는 지침 아래 국어 교육을 받았기에 속 발음이 무의식적으로 습관이 된 결과다. 치명적인 습관이지만 뒤늦게라도 이것이 잘못됐다는 각성을 했다면 아직 늦지 않았다. 자신이 잘못된 읽기에 종속됐음을 받아들였다면, 피하지방처럼 쌓인 습관을 제거하는 게 두렵지 않다면, 아직 희망은 있다.

속 발음 읽기 습관을 없애는 방법 1
_ 동화책 읽기, 버스에서 간판 보기

나는 이십 대 내내 시험에 여러 번 고배를 마신 뒤에야 글자를 입으로 읽거나 속으로 발음하는 (음성적) 읽기 방법이 문해력을 망친다는 사실을 알았다. '아, 글자를 잘못 읽었구나. 속 발음을 없애야겠다.' 하며 깨달은 뒤에야 내 힘으로 문해력을 높일 수 있다는 희망이 보였다. 그렇다면 오랜 기간 습관으로 고착된 음성적 읽기, 어떻게 해야 없앨 수 있을까?

원인을 알았으니 해결책을 찾기도 쉬우리라 생각했지만, 속 발음을 없애는 방법은 찾을 수 없었다. 구글에 검색도 하고 국회 도서관을 뒤져보았지만 어디에도 나와 있지 않았다. 원인을 찾았는데 해결책이 없다니. 좌절했다. 그렇지만 근거 없는 믿음이 불쑥 생겼다. '언어 영재들은 속으로 발음하면서 읽지 않잖아. 그 방법이 뭘까? 그걸 알면 나도 속 발음에서 벗어날 수 있겠네.' 몇 달간 궁리 끝에 방법을 강구했다. 우선 '읽기란 글자라는 껍데기가 아닌 그 속의 의미를 떠올리는 것이다.'라는 인식과 함께 글자를 의미화하는 방법부터 익혀야 했다.

| 동화책 읽기

먼저 5세 아이 동화책을 펼치고 읽기 시작했다. 책장을 여니 왼쪽에는 글자가, 오른쪽에는 그림이 보였다. 한 손으로 그림을 가린 채, 왼쪽 글의 내용을 의미화하며 연상했다. 그 후 오른쪽 그림을 보며 이미지로 형상화한 의미와 그림이 어느 정도 일치하는지 확인하는 과정을 거쳤다. 다섯 살 아이로 돌아간 느낌으로 글자를 새롭게 대하기 시작했다. 한 권, 두 권, 세 권. 책이 쌓여가면서 글자를 보며 그림으로 상상했다. 그러자 속으로 발음하며 읽는 잘못된 습관이 점차 사라지고, 글자라는 껍데기 속에 의미를 의미화하는, 재습관화가 일어났다.

여전히 입으로 글을 읽는 습관이 남아 있긴 했지만, 그 빈도가 줄기 시작했다.

점차 의미화가 익숙해지면서 동화책보다 분량이 길고 난이도 있는 글을 읽기 시작했다. 소설을 먼저 읽었고 등장인물의 모습을 상상했다. 다음으로 초등학교, 중학교 과정 비문학을, 얼마 뒤에는 수능 시험 지문을 속으로 발음하지 않고 읽을 수 있었다. 그렇다 하더라도, 이십 년 넘게 뿌리 내린 습관을 뿌리째 뽑기는 무리였다. '입으로 읽을 시간조차 주지 않고 글을 보게 하려면 어떻게 해야 할까?' 생각하다 버스를 탔다. 차창 밖 풍경을 바라보다 '아! 이거구나!' 하며 머릿속이 번뜩였다.

달리는 버스 안에서 간판 보기

왜 간판 '읽기'가 아니고 '보기'인가? 이 부분이 핵심이다. 글자를 입으로 읽기 전에 눈으로 보기 위해서다. 속 발음이 독해에 악습임을 알면서도, 글자를 보는 순간 입술이 열렸다. 이를 원천으로 차단하기 위한 장치가 필요했다. 글자를 소리 내어 읽을 수 없는 물리적 환경! 그런 상황에 나를 놓아두기 위해 달리는 차나 버스 안에서 거리의 간판을 보기 시작했다. 생고기. 김치찌개. 볶을래 미용실….

눈을 깜박이는 찰나에 차창 밖으로 간판 문구가 보였고 글자가 쏜살같이 지나갔다. 1초도 채 되지 않는 순간에 입술과 혀를 움직이

며 글자를 읽을 수는 없기에, 자연스레 입을 다물고 글자를 바라봤다. 글자를 눈으로 보는 순간 머릿속에 글자의 의미를 떠올리며 이해했다.

'아, 입으로 읽지 않아도 되는구나!'

오랜 기간 정체했다가 탈출구를 찾은 듯한 희열에 사로잡혔다. 읽는 방식의 대전환. 가까스로 얻은 깨달음이 헛되지 않도록 이제 몸으로 훈련해야 했다.

그날 이후 버스 안에서 내 시선은 의식적으로 창밖을 향했다. 간판, 선거용 문구, 홍보글 문구가 쏜살같이 지나칠 때, 입이 아닌 눈으로 읽고 머릿속으로 의미를 이해하려고 노력했다. 이주일이 지나자 미미한 변화가 일어났다. 일상에서 짧은 단어나 문장을 읽을 때 글자를 눈으로만 보고 의미화하기 시작했다. 속으로 발음하는 습관을 없애려면 글자 앞에서 내 입을 봉쇄하는 방법부터 강구해야 한다. 가장 쉽고 강력한 방법으로 달리는 차 안에서 간판 보는 습관부터 길러보자.

| 일상에서 마주치는 모든 글자를 독해 교보재로 삼기

그 후 나는 버스에서 뿐만 아니라 눈 뜨고 일어나 저녁에 잠들기까지, 일상의 모든 순간을 문해력 연습 시간으로 삼았다. 말은 쉬우나 행동에 옮기기는 어렵다. 이를 악물고 잘못된 독해 습관을 고치리라 각오했기에 실천할 수 있었다. 눈에 들어오는 모든 글자를 속으로 발음하지 않고, 의미를 연상하며 읽으려고 노력하였다. 예를 들어, 아침에 일어나 냉장고를 열었다. '유기농 목초 우유'가 보이자 푸릇푸릇한 글씨를 지나치지 않고 그 의미를 상상했다. '이 우유는 갇힌 공간에서 사육된 소가 아니라 넓은 잔디밭에서 목초를 마음껏 먹으며 자란 소, 그런 소의 젖이구나.' 건강하게 자란 소의 젖을 농부가 짜는 모습을 상상하며 마셨다.

출근길에 아파트 엘리베이터를 탔다. '입주민 여러분, 베란다로 담배 꽁초 등 쓰레기를 버리지 마세요.'라는 공지문을 보며 나쁜 입주민이 담배 피우다 꽁초를 던지는 모습을 의미화하며 상상하였다. 도로를 걷다 버스를 탔고 차창 밖으로 지나가는 도로 표지판을 살폈다. '광화문 방향', '서울역 방향'을 읽으며 광화문 궁궐의 웅장한 입구를, 인파가 북적이는 서울역 입구를 떠올렸다.

지인과의 저녁 술자리에서도 마찬가지였다. 김치 파전, 야채 파전. 메뉴을 넘기며 노릇노릇한 파전의 모습을 각각 의미화하며 연상했다. 집에 들어오는 길, '살기 좋은 우리 동네'라는 시 홍보 문구가 눈에 들어왔다. 푸른 가로수 아래 시민들이 웃으며 거리를 활보하는 도시 환경을 머릿속에 그렸다. 귀가 후 샤워를 했다. 올인원 샴푸앤 바스를 사용하면서, 머리 감기와 바디 샤워가 동시에 가능한, 하나의 제품을 느끼고 상상하며 사용하였다. 침대에 누워서는 하루 동안 얼마나 글을 속으로 발음하지 않았는지 점검했다. '글자라는 것은 껍데기다. 그 안의 의미를 연상하자.'라는 각오를 새기며 잠이 들었다.

 기존 습관을 폐기하고 새로운 습관을 만드는 것은 불굴의 인내와 노력 없이는 불가능하다. 단박에 습관을 바꾸거나, 문해력을 높이기 위해 별도의 시간을 들이려 하면 작심삼일로 끝나고 만다. 속으로 발음하는 읽기 습관을 하루 이틀 만에 극복하기란 불가능하다. 다만 일상에서 마주하는 글자를 통해 자연스럽게 훈련한다면, 속으로 발음하는 비중은 점차 줄고 의미화하는 비중은 늘어날 것이다. 이런 과정을 통해 진정한 글 읽기를 조금씩이라도 꾸준히 한다면, 예상보다 빠르게 글자가 아닌 글의 의미를 이해하는 자신을 발견할 것이다.

속 발음 읽기 습관을 없애는 방법 2
_추임새 내며 읽기

 후천적 문해인으로 거듭나기 위해 나는 십여 년 넘게 다양한 노력과 시도를 해왔다. 속사포 쏘듯 빠르게 속으로 발음하는 훈련도 해보았고 속독학원까지 다녀보았다. 하도 어휘력이 전부라고들 하길래 어휘력 공부에 매달리기도 했고, 문해력을 높이기 위해 한자 자격

증까지 많다. 그러나 이러한 시도는 결과적으로 모두 실패였다. 나를 후천적 문해인으로 진화시킨 강력한 방법은 글을 의미화하여 읽는 것이었다. 그리고 의미화를 정착시키는 데에 가장 큰 공헌을 한 것이 추임새를 내며 읽기였다.

나는 언어 영재가 아니기에, 글자를 읽고 사고하는 과정을 인위적으로 만들어 익혀야 했다. 추임새란, 쉽게 말해 입으로 인위적으로 말하면서 사고하는 과정이다. "아 다음 문장에서 예시가 나오겠구나.", "필자는 논증을 통해 비판하고 있구나." 하며 생각한 바를 말로 표현했다.

추임새 내며 읽기의 가장 큰 효용은 글 속에서 길을 잃지 않게 한다는 점이다. 추임새는 읽기에 있어 이탈을 막는 안전장치다. 글의 의미가 무엇인지, 구조가 어떠한지, 작가의 의도가 무엇인지 추임새를 내며 스스로 각인할 수 있기에 글을 정확하고 빠르게 읽게 한다.

부가적으로 추임새 읽기는 글을 속으로 발음하며 읽는 습관을 강제 봉쇄하는 효과를 주었다. 이때부터 나의 문해력은 급상승했다. 추임새는 사고하며 읽기, 속 발음 없애기. 두 마리 토끼를 다 잡게 했고, 추임새를 훈련하면서 나는 수험 시절 언어 영역에서 가장 완벽한 점수를 얻었다.

추임새는 독해의 시작이자 끝이라 할 수 있다. 가장 단시간에 문해력을 오르게 하는 방법을 묻는다면, 단연코 추임새라고 답한다. 이런 방법만으로 문해력이 오를 수 있냐고 묻는다면 나는 과감히 그렇다고 대답한다. 혹자는 입을 움직여 말한다는 점에서 추임새와 속 발음이 같지 않냐고 묻는다.

"추임새나 속 발음이나 어쨌든 혼잣말하면서 읽는 거잖아요. 두 가지가 같은 거 아닌가요?"

그렇게 생각할 수 있지만 그렇지 않다. 추임새와 속 발음 읽기는 전혀 다르다. 속으로 발음하는 읽기는 글의 껍데기인 글자를 입으로 발음하며 읽는 것이다. 추임새 넣기는 글의 내용을 머릿속에 의미화하고 생각하는 과정을 인위적으로 꺼내는 방식으로, 더 고차원적인 읽기 방식이다.

아래 문장을 예로 들어본다.

> 나는 여러 가지 과일을 좋아합니다.

A. 속 발음 읽기: '나는 여러 가지 과일을 좋아합니다.'

B. 추임새 내며 읽기: "주인공이 다른 것도 아니고 과일을 좋아한다고 하는구나. 그리고 여러 가지라고 표현했으니, 뒤 문장에서 구체적인 과일을 몇 개 나열하겠네."

이 한 문장을 보고 추임새로 글을 읽었다면, 위와 같이 생각을 전개하게 된다. 생각을 입으로 말하면서 읽느라 속 발음을 내며 글자를 읽기란 불가능하다.

글이 어려워질수록 속 발음에 의지하려는 경향이 크다. 또한 속으로 발음하면 글이 더 이해가 잘 된다는 환상을 지닌 이들이 은근 많다. 사실은 속으로 발음하는 시간이 인위적으로 확보되면서 읽는 사람 스스로 생각할 시간적 여유를 주는 것에 불과하다. 그래서 속 발음이 글을 더 이해하게 만든다는 환상에 빠지고 만다. 그러나 앞서 말한 바와 같이 뇌는 글자를 보는 순간 머릿속에서 이해하기 때문에 입이라는 인위적 단계를 거칠 필요가 절대 없다. 만약 시간적 여유가 필요하다면, 글자를 보고 머릿속으로 더 생각하는 시간을 가지면 된다.

지금까지 문해력을 높이기 위해 내가 시도한 방법들을 나누었다. 문해력을 높이기 위해 가장 중요한 밑바탕은 글자를 대하는 방식이다. 나는 글자를 어떻게 대하고 있는가? 속 발음을 하며 껍데기를 주워 담느라 안간힘을 쓰고 있지 않은가? 스스로 물어보고 각성했다면, 여기 제안한 방법들, 후천적 문해인으로 거듭나기 위한 방법을 꾸준히 실행해보자. 그렇게 해서 글자와 새롭게 관계 맺는 순간, 껍데기 너머에 존재하는 의미를 채취하는 순간, 당신의 시야와 관점 그리고 삶 전체가 달라질 것이다.

에필로그

사람이 온다는 건
어마어마한 일이다.

한 사람의 일생이 오기 때문이다.

- 〈방문객〉 정현종

사람은 살아가면서 커다란 만남을 갖게 된다. 세상에 태어나자마자 부모님을 만나고, 평생 함께할 배우자나 영혼의 동반자를 만난다. 나는 여기에 하나의 만남을 더하고 싶다. 글과의 만남. 멀게만 느껴지던 글이 다가온다는 건 어마어마한 일이다. 한 사람의 일생이 달라지기 때문이다.

나는 문해력이 없는 삶과 있는 삶, 둘 다를 살아봤다. '내 삶은 너를 알기 전과 후로 나뉘어.'라는 노래 가사처럼 필자에게 인생은 글자를 알기 전과 후로 나뉜다. 천국과 지옥을 오갔다는 거창한 증언까지는 아니어도 글자를 통해 삶의 양극을 몸소 겪었다고 말할 수 있다.

어릴 적 필자는 실질적 문맹인에 가까웠다. 글을 읽긴 해도 문해력이 낮아 문장의 본뜻을 이해하지 못했다. 그러다 이십 대에 죽기 살기로 노력해 후천적 문해인으로 다시 태어났다. 문맹인에서 문해인으로 글자를 통해 삶이 진화했다. 글자에 대한 두려움이 행복으로 바뀌면서 일상을 구원받았다 해도 과언이 아니다.

문해력을 향상하면 무엇이 좋을까? 대개 시험 점수가 올라서 좋다고들 한다.
"책도 열심히 읽고, 문제도 많이 풀었더니 문해력이 올랐고요. 그래서 국어 등급이 많이 올랐어요."
문해력이 국어나 영어 점수에 영향을 미치는 건 사실이다. 그러나 반대로 국어나 영어 점수가 올랐다고 해서 문해력이 향상했다고 하기에는 다소 무리가 있다. 시험 점수가 오른 건 수험 기술의 결과이지, 문해력 자체가 올랐다고 볼 수는 없다는 얘기다. 문해력은 글을 많이 읽는다고 늘지 않는다. 글자가 아니라 글자가 담아낸 세상을 읽을 수 있어야 진정한 문해력이며, 그러기 위해서는 올바른 독해 방법을 꾸준히 익혀 몸소 실천해야 한다.

후천적 문해인으로 거듭난 후 삶이 어떻게 변화했는지 묻는다면, 무엇보다 글자가 주는 행복감을 알게 되었다고 답하겠다. 고등학교 때까지 나에게 글은 두려움이었다. 한 글자씩 속으로 발음하며 읽었기에 긴 지문을 마주할 때마다 답답했다. '언제 다 읽지? 이해 못 하면 어떡하지?' 한숨이 늘고 글자를 회피하는 악순환이 이어졌다.

내 삶은 너를 만나기 전과 후로 나뉘어
네가 내게 와줘서
행복을 알게 되었어.

미소가 하염없이 끊이질 않아
생각만으로도 벅차
너란 존재는 내게 그래
내가 살아있다 느껴져

네게만 반응하는 내 심장은
너의 이름만으로 미소 짓네

- 〈내 삶은 너를 만나기 전과 후로 나뉘어〉 윤수지

후천적 문해인이 되면서 필자와 글자의 관계는 변화했다. 글자를 보면 설레고 즐겁다. 더는 글자에 갇혀 있지 않게 되었다. 글자 너머 세상을 마주하면서 읽기에 재미가 붙었다. 무협 판타지를 읽으며 손에 땀을 쥐고, 기사 속에서 출렁이는 물가를 체감한다.

"인간은 글자를 통해 사상을 이해했다. 이를 정치, 예술, 건축 등 다양한 분야에 적용하면서 글을 통해 인류 역사는 한 걸음 앞으로 나아갔다." 이 짧은 두 문장을 책의 본문에 쓰고 또 읽으면서도 필자는 가슴이 쿵쾅거렸다. 예전의 필자라면 '글자가 인류 역사에 중요하구나.' 하고 대충 넘기듯 읽는 데에 그쳤을 것이다. 한 마디로 글이 전달하는 바를 십 분의 일도 읽지 않았다. 그런데 위 문장을 제대로 읽으면 요동치는 역사의 현장을 마주하게 된다. '정치'라는 단어에서 정쟁을 펼치는 로마 시대 공화정이 떠오르고, '건축'이라는 단어에서 대지 위에 웅장한 콜로세움을 짓는 과정이 파노라마처럼 머릿속에 그려진다. 또한 '예술'이라는 단어에서 인간 역사상 최고의 예술가인 레오나르도 다빈치가 〈천지창조〉를 그리는 장면이 머릿속에 펼쳐지면서 가슴이 벅차오른다.

껍데기를 벗기자 내 안에서 의미가 되살아나 움직인다. 문장이 머리에서 가슴으로 내려온다. 진정한 문해를 터득하면서 나는 역량 있는 변호사로 활동하게 되었다. 서면을 들여다보고 사건을 정확히 이해하는 업무, 사실과 의견을 구분하며 기술하는 업무를 원활하게 수행하게 되었다. 문해력을 통해 좋아하는 일을 하게 되었고, 그 일을 잘함으로써 법조인으로서 성장하는 계기를 마련했다. 만약 문해력을 올리지 않았으면 내 삶은 어땠을까? 다른 직업을 갖는 인생도 의미가 있겠지만, 원하는 일을 하는, 말할 수 없는 성취와 희열은 누릴 수 없었을 듯하다. 여전히 글자가 어려워 책을 멀리한 채, 동영상이 주는 단편적 지식에 의존해 살았을 것이다. 참된 읽기는 고도의 사고와 상상력을 일으키며, 이는 동영상 시청과는 비교할 수 없는 감동과 깨달음을 전한다. 최근 유행하는 쇼츠 영상에는 자극만 있을 뿐 의미가 없다. 잠시 시선을 사로잡는 짜릿함만 전할 뿐이며 이는 생각하고 상상하는 인간의 두뇌를 퇴화시킨다. 자극에 중독된 인간은 생각하거나 공감할 수 없어 사는 게 점차 재미가 없고 우울해진다. 읽기와 멀어질수록 인간의 미래는 암울하다는 사실을 인정하지 않을 수 없다.

책을 마무리하면서 다시 한번 깨닫는다. 글자야말로 인류가 만든 최대의 발명품이며 한 인간에게 있어 삶의 방향과 질, 행복 지수를 결정할 만큼 지대한 영향을 끼친다는 사실을. 나에게 문해력은 인생의 문제를 푸는 열쇠였다. 문해력을 기르면서 인생의 난관을 넘었고, 원하는 세상으로 나아갔으며, 법조인으로서 성장하는 중이다. 아무쪼록 이 책의 독자가 문해력이라는 열쇠로 인생의 문을 열고 원하는 삶을 향해 힘껏 나아가기를. 글자가 이끄는 넓은 세상을 마주하기를 진심으로 바란다.

남 성 진

국어 시험에 바로 써먹는 가장 쉬운 문해력 훈련

초판 1쇄 발행일 2025년 3월 26일

지은이 남성진
발행인 김태한 외 1명
펴낸이 책과강연
총괄기획 이정훈
도서제작기획 김태한
책임편집 인생첫책
디자인 페이지온
본문일러스트 안소희

주소 서울시 퇴계로26길 15 남학빌딩 B1
전화 02-6243-7000
블로그 blog.naver.com/writingin180days
인스타그램 @writing_in_180_days
유튜브 책과강연
카카오톡 writing180

출판등록 2017년 7월 2일 제2017-000211호
ISBN 979-11-989982-6-2 03300

* 책 가격은 뒤표지에 있습니다.
* 파본은 구입하신 서점에서 교환해 드립니다.
* 저자와 협의 하에 인지를 생략합니다.

실행하는 지금이 실현하는 순간입니다.
[책과강연]에서는 여러분들의 원고를 기다리고 있습니다.
원고 투고 및 의견은 writingin180days@naver.com으로 보내주세요. 함께 만들어 갑니다.

'내 책을 서점에서 만나는 기적'